Zum Autor:

© *Elisa Reicht*

Mag. Mathias Metzger, Studium der Betriebswirtschaftslehre (Wirtschaftsuniversität Wien) mit Spezialisierungen in Projektmanagement, Organisation und Personalwirtschaft. Zertifizierter Senior Projektmanagementtrainer (IPMA/CST), zertifizierter Senior Projektmanager (IPMA/SPM) und Weiterbildung zum OKR Coach (OKRmentors).

Seit 2000 Tätigkeitsschwerpunkt im Projektgeschäft in Form von Trainings, Beratungen, Coachings und Projektsteuerung in den Branchen: Automobil, Bau- und Haustechnik, Bildung und Consulting, Elektronik, Energie, Finanz, Forschung und Entwicklung, Industrie- und Anlagenbau, Innenausstattung Yachtbau, IT, Maschinenbau, Metall, Non-Profit, Pharmazie, Produktion, Space und Telekom.

Lebt mit seiner Frau und den gemeinsamen drei Kindern in Wien.

Kickpoints im Projektmanagement

Kommunikative Schlüsselstellen für ProjektleiterInnen

2., überarbeitete Auflage

2., überarbeitete Auflage

Autor: Mathias Metzger
Umschlaggestaltung und Illustrationen: Mathias Metzger

Druck und Vertrieb im Auftrag des Autors: Buchschmiede von Dataform Media GmbH, Wien
www.buchschmiede.at - Folge deinem Buchgefühl!
978-3-99165-412-4 (Softcover)
978-3-99165-411-7 (E-Book)

Printed in Austria

Inhaltsverzeichnis

1. Einleitung, Danksagung und Figuren im Buch

Drei Jahre nach Ersterscheinung liegt jetzt die 2. Auflage in Ihren Händen. Neu ist nicht nur der Titel. Aus „Kickpoints im Projekt“ wurde **„Kickpoints im Projektmanagement“**. Mit dem Anspruch auf einen allgemeingültigen Projektmanagementansatz hätte dieser Titel bereits für die erste Auflage seine Richtigkeit gehabt. Der aktuelle Untertitel verzichtet bewusst auf eine bestimmte Anzahl an Schlüsselstellen, wurde aber um den zentralen Begriff „kommunikativ“ ergänzt.

Welche Motivation steckt hinter dieser Neuauflage? Zum einen hielten die Kickpoints dem Praxistest stand und erprobte Erkenntnisse aus dem Projektmanagementalltag sollen dem interessierten Leser anwendungsfreundlich verfügbar sein. Im Aufbau blieb die Neuauflage größtenteils dem Erstlingswerk treu. Neu dazugekommen sind Figuren einer Projektorganisation. Die Gesichter sind bereits aus dem ersten Buch bekannt. Jetzt haben sie auch Namen und Rollen. In Erscheinung treten sie als Einstiegszenen der Kickpointkapitel, um den Leser an die Situationen heranzuführen.

Ein weiterer Grund eine Neufassung vorzulegen, liegt in der Hypothese, Projektmanagement erfährt aktuell eine Renaissance. Agilität, SCRUM, BIM, Lean, OKR etc., können Projektmanagement nicht ersetzen. Es scheint so, als ob grundlegende Prinzipien des Projektmanagements im Schatten von Hypes und Moden ein wenig in Vergessenheit gerieten und aktuell in ihrer Bedeutung wieder entdeckt werden.

Grundsätzlich sollte Projektmanagement den Zweck verfolgen den Ressourceneinsatz zu optimieren, um vereinbarte Ziele zu liefern. Die Praxis unterstellt Projektmanagement jedoch häufig einen Selbstzweck: theoretisch, umfangreich, umständlich, behäbig, kompliziert, aufwendig. Es liegt die Vermutung nahe, es hat seine eigentlichen Anwender – die Projektleiter – aus den Augen verloren. Kann es sein, dass Projektmanagement sich bereits selbst zu wichtig nimmt, sich als autopoetisches System permanent aus seiner inneren Logik reproduziert und den wechselseitigen Austausch mit seiner relevantesten Umwelt, den Nutzern, mehr und mehr vernachlässigt?

Das vorliegende Buch bietet allen Personen mit Projektverantwortung einen konkreten, übersichtlichen und praxisnahen Leitfaden vom Projektstart bis -abschluss in einer völlig neuen Ablauflogik. Dabei bleibt es unerheblich, ob der Leser aus einer klassischen, agilen oder hybriden Projektmanagement-Welt kommt, da der vorgestellte Ansatz die übergeordnete Ebene der **Kommunikation** ins Zentrum rückt. Wie die Umsetzung aussehen kann, zeigt hier das Beispiel eines österreichischen Unternehmens mit internationalem Projektgeschäft. Seit 2019 sind bei List General Contractor die Kickpoints der rote Faden im über die Jahre entwickelten Projektmanagementprozess, vereinfachten diesen und bilden den Rahmen für Weiterentwicklungen, wie z.B. die Einführung einer integrierten PM-Software. Im Jahr 2022 führte das Unternehmen einen Kickpoint Reality Check durch. Die Erkenntnisse mündeten in Anpassungen, die hier im Praxisfall berücksichtigt sind.

Eine Anmerkung und Danksagungen bevor es los geht: Zunächst der Hinweis, dass aus Gründen der besseren Lesbarkeit bei Personenbezeichnungen und personenbezogenen Hauptwörtern die männliche Form verwendet wird. Entsprechende Begriffe gelten im Sinne der Gleichbehandlung grundsätzlich für alle Geschlechter. Die verkürzte Sprachform hat nur redaktionelle Gründe.

Mein Dank gilt allen Auftraggebern, Schulungsteilnehmern, Coachees, Kollegen und Mitstreitern in Projekten der vergangenen zwei Jahrzehnte für inspirierende Beobachtungen, Gespräche und Reflexionen. Hervorheben möchte ich die professionelle und innovative Zusammenarbeit mit List General Contractor. Besonders bedanke ich mich bei Rainer Gass und Ronald Morawetz, die die Implementierung und Weiterentwicklung der Kickpoints als Standard im Unternehmen maßgeblich prägten.

Das vorliegende Buch basiert auf dem Erstlingswerk, das Ergebnis toller Teamarbeit mit **Verena**. Dank ihrer Unterstützung war es mir möglich, dieses Projekt umzusetzen. Die Leichtigkeit, mit der die 2. Auflage realisiert wurde, hat ihren Ursprung in der harten Arbeit von damals. Die finale Freigabe verlangte abermals ihre Konzentration und akribische Genauigkeit (die ich so schätze).

Folgende Figuren begleiten den Leser durch die Kickpoints:

Max, Projektleiter 

Gloria, seine interne Auftraggeberin und Vorgesetzte 

Sebastian, Projektleiter des Kunden 

Peter, Projektteammitglied 

Emma, Projektteammitglied 

Vincent, Projektteammitglied 

Oliver, Abteilungsleiter und Vorgesetzter von Peter 

2. Kommunikation im Projekt

„Auf der Ebene der Kommunikation entscheiden sich Erfolg und Misserfolg des Unternehmens. Denn alles, was im Unternehmen geschieht, ist ein Ereignis, auf das andere reagieren - oder auch nicht." Dirk Baecker, Soziologe[1]

„Fünf Anrufe in Abwesenheit" zeigt das Telefon von Max auf dem Weg zum nächsten Termin an. In den vergangenen beiden Stunden wiederholte der Kollege vom Qualitätsmanagement detailliert die Vorgabe an die Dokumentation der Kundenanforderungen mit der neuen App. Aus einer Stunde wurden zwei. Bis das 2wöchentliche Projektteammeeting mit Peter, Emma und Vincent startet, bleibt Zeit für zumindest einen Rückruf. Die Motive der Anrufer sind bereits zu erahnen: Für Sebastian, den Kundenprojektleiter ist der Projektfortschritt unzureichend. Und ein Lieferant wundert sich, dass seine letzte Rechnung noch nicht überwiesen wurde. Dass sich Gloria, seine interne Projektauftraggeberin nach dem Stand der Dinge erkundigen wird, wäre nachvollziehbar. Von Oliver, dem Abteilungsleiter, sollte endlich eine Zustimmung für Peter, einer Schlüsselressource fürs Projekt, kommen. Und seine zehnjährige Tochter? Das lässt sich sicher zu Hause am Abend noch regeln.

Dringend und wichtig erscheinen alle fünf Anrufe. Um grobe Probleme zu vermeiden, ruft Max erstmals Sebastian zurück. Auf die Frage „Warum der Fortschritt nachhinkt", folgen Begründungen und Erklärungsversuche mit einer vorschnellen Zusage, die Max unmittelbar nach Beendigung des Gesprächs bereut.

Mit ein paar Minuten Verspätung startet das Teammeeting. An das verspätete Erscheinen von Vincent hat sich Max schon irgendwie gewöhnt. Auch an die Möglichkeit bei längeren Diskussionen rasch einige Mails parallel abzuarbeiten. Es wird viel geredet und wenig vereinbart. Die Stimmung im Team

[1] Postheroisches Management. Ein Vademecum. Berlin (Merve), 1994

scheint gut zu sein. Lockere Atmosphäre und Herstellen von Verbindlichkeiten kann doch nicht zusammengehen, oder? Die eigene To-do-Liste von Max füllt sich verlässlich in den Teammeetings. Wieder einmal um ein paar Minuten überzogen, geht es zurück an den Arbeitsplatz. Der Blick in den Maileingang verschreckt ihn doch ein wenig: 38 unbeantwortete Mails. Der Magen knurrt, doch die Motivation bleibt ungebrochen hoch. Seine schleichende Erschöpfung ignoriert er mit der Kraft seines Willens.

Willkommen im Alltag von Projektleiter Max. Zu Hause, abends im Bett kreisen vor dem Einschlafen noch seine Gedanken zum vergangenen Tag. Dem üblichen positivem Eindruck es heute wieder irgendwie geschafft zu haben, weicht eine selbstkritische Reflexion seiner Rolle als Projektleiter. Wann genau stellte sich das Gefühl ein, ein Getriebener zu sein? Welche Ereignisse im Projektverlauf waren hierfür ausschlaggebend? Es folgen Erinnerungen an zwischenmenschliche Momente, in denen es um Entscheidendes für Projektbeteiligte ging: Meetings, Präsentationen, Einzelgespräche, Verhandlungen, Workshops und spezielle Mails. In der Nachbetrachtung scheinen oftmals Kleinigkeiten für den Verlauf dieser Momente ausschlaggebend. Was wurde wann und wie gesagt, geschrieben, präsentiert bzw. auch nicht? Und wie wurde es verstanden? Bei genauerer Betrachtung gesteht sich Max ein, dass bereits im Projektstart unzählige Gelegenheiten ungenützt blieben, im Projekt zu agieren, statt verspätet zu reagieren. Solche Fragen verstärken das aufkommende Gefühl ein Getriebener im eigenen Projekt geworden zu sein. Max entscheidet sich, das nächste Projekt vom Beginn an proaktiver zu führen, seine eigenen Möglichkeiten besser auszuschöpfen, seine Wirksamkeit als Projektleiter zu steigern und den Takt stärker vorzugeben.

Projektleiter kennen die Bedeutung von Kommunikation im Projekt. Ein Projekt lebt, wenn kommuniziert wird. Wie gut es (über-)lebt, hängt maßgeblich von der Qualität der Kommunikation zwischen den Beteiligten ab.

Studien[2] weisen wiederholt „schlechte Kommunikation“ als eine Kernursache für das Scheitern von Projekten aus. Und aus dem Projektalltag hallt wiederkehrend der Wunsch nach verbesserter Kommunikation – über alle Hierarchieebenen hinweg. Welche Lösungsansätze bietet hier Projektmanagement an? Klassische und agile Ansätze betonen stark die Bedeutung von Kommunikation für den Projekterfolg, verbleiben jedoch im Kern Prozessmodelle. Ein Prozessmodell (z.B. Start, Planung, Steuerung, Abschluss) bildet einen hilfreichen Rahmen, die eigentlichen zielgerichteten Interventionen geschehen jedoch ausschließlich durch kommunikative Impulse im Projekt. Was der Projektleiter wem, wie und wann vermittelt oder auch nicht, macht den relevanten Unterschied aus.

Verlagert sich die Aufmerksamkeit vom prozessgesteuerten hin zum kommunikationszentrierten Projektmanagement, rückt ein systemischer Ansatz ins Zentrum. Organisationen werden hier als soziale Systeme verstanden. Seine Elemente sind Kommunikationen und nicht Personen. Personen im und um das Projekt sind „nur“ Kommunikationsträger. Als Träger von Kommunikation setzt der Projektleiter dort den Hebel an, wo die potenziell größte Wirkung zu erzielen ist, und zwar unmittelbar in Momenten zwischenmenschlicher Kommunikation relevanter Projektsituationen. Interessanterweise scheint das Wissen über diese Potentiale zur Steigerung der eigenen Wirksamkeit bei Projektleitern vorhanden zu sein. Gleichzeitig hadern viele mit der Feststellung es fehle an Zeit, um sich beispielsweise auf Gespräche ausreichend gut vorzubereiten. Ein Ausweg aus diesem Dilemma führt über die persönliche Entscheidung, Kommunikationen als oberste Priorität des Projektmanagements für sich festzulegen. Die nun folgenden Kickpoints bieten dem interessierten Leser einen Leitfaden durch den Dschungel sozialer Interaktionen vom Projektstart bis zum Projektabschluss.

[2] https://www.gpm-ipma.de/wissen/studien#c1201

3. Frugales Projektmanagement und Kickpoints im Projektmanagement

„Man kann die Dinge so tief sehen, dass sie einfach werden.“ Konrad Adenauer

Dreh- und Angelpunkte sind Momente zwischenmenschlicher Kommunikation. Je besser die Gestaltung von Kommunikation im Projekt gelingt, desto berechenbarer wird diese. Unvorhergesehenes passiert naturgemäß fortlaufend, jedoch nicht mit der Konsequenz, Unmengen an Zusatzkommunikation zu erzeugen (Gespräch folgt dem Gespräch folgt dem Gespräch usw., und die dazugehörige Dokumentation, weitere Entscheidungen, Einsatz von Methoden etc.), die mit Abstand betrachtet, nicht notwendig gewesen wären.

Mit den Kickpoints richtet der Projektleiter seinen Blick auf das Wesentliche und entschlackt gleichzeitig Projektmanagement an sich.

Bei den Kickpoints handelt es sich um eine Innovation frugalen[3] Charakters. Frugale Innovationen brechen mit dem weit verbreiteten Paradigma „immer mehr, immer besser“ und stellen eine vereinfachte und anwendungsorientierte Lösung dar. Eigenschaften frugaler Innovationen, die auf den Projektmanagementansatz mit Kickpoints zutreffen, sind:

- Mehr für weniger: Kickpoints als Projektmanagementstandard weisen einen, relativ zum Aufwand, hohen Nutzen für das projektführende Unternehmen auf.
- Asset-light: Traditionelle Projektmanagementprozesse verursachen häufig ein Aufblähen der Organisation, die dann dazu neigt, sich selbst zu reproduziert (z.B. die Liste für die Listen) und in Folge einen Wartungsaufwand nach sich zieht. Dass viele Projektleiter nicht mehr wissen, wo sie was finden, ist ein bekanntes Phänomen geworden. Kickpoints verlagern den Fokus von Prozessen auf Momente, um die Kraftübertragung zu optimieren.

---

[3] frugal bedeutet einfach, bescheiden, genügsam (www.wissen.de)

- Gut genug: Kickpoints folgen dem Grundgedanken des Pareto-Prinzips: mit 20 % Aufwand 80 % Ergebnis erzielen. Die aktive Gestaltung der kommunikativen Schlüsselstellen im Projekt reicht bereits aus, um einen Großteil des Projektmanagementerfolges zu erreichen.
- Sinn: Kickpoints hinterfragen gelebte Überzeugungen und überraschen mit bekannten, sinnvollen Herangehensweisen.

Der Wunsch nach Konzentration auf das Wesentliche ist durch den agilen Hype im letzten Jahrzehnt als klares Signal zu werten. Nur lassen sich die Prinzipien und Prozesse von z.B. SCRUM und Lean nicht so einfach für den Projektleiter auf sein konkretes Projekt umsetzen. Agiles Projektmanagement zu leben, setzt bei vielen Unternehmen eine notwendige Kultur- und Strukturänderung voraus. Das kann zur Überforderung führen. Ungeachtet dessen bleibt die Verantwortung beim Projektleiter und seinem Team. Unaufhaltsam tickt die Uhr, und die Abnahme kommt mit jedem Tag näher. Kickpoints hingegen, bieten dem Projektleiter und seinem Team unmittelbare Hinweise zur Nutzung der Schlüsselstellen im Projekt.

Kickpoints im Projektmanagement

- sind immer Momente zwischenmenschlicher Kommunikation.
- haben unmittelbare Wirkung auf den weiteren Projektverlauf.
- sind somit Schlüsselstellen für Projektleiter, um Steuerungsimpulse zu geben.
- fördern bzw. fordern Entscheidungen für den weiteren Projektfortschritt.
- koppeln mit gültigen Projektmanagement-Ansätzen (klassisch, hybrid oder agil) und den dazu notwendigen Methoden.
- kommen in allen Projektarten vor und sind branchenübergreifend anwendbar.
- sind einmalige Chancen für den Projektleiter.

Im übertragenen Sinn handelt es sich bei den Kickpoints um *die* – durchwegs bekannten – **Kommunikationsmomente** für Projektleiter:

- Kickpoint 1 ● Auftragsklärungsgespräch

- Kickpoint 2 ● Startevent
- Kickpoint 3 ● Ressourcenverhandlung
- Kickpoint 4 ● Teammeeting
- Kickpoint 5 ● Stakeholder Präsentation
- Kickpoint 6 ● Change- und Claimverhandlung
- Kickpoint 7 ● Feedbackgespräch
- Kickpoint 8 ● Lessons Learned Workshop

Die ersten drei Kickpoints liegen in der Projektstart- und -planungsphase. „So wie Du Dich bettest, so liegst Du." Das gilt selbst im agilen Zeitalter als Binsenweisheit. Möglicherweise mehr denn je. Dennoch werden immer wieder die ersten drei Kickpoints unzureichend *wahr*genommen, weil z.B.

- noch vermeintlich Zeit verbleibt, bis es wirklich losgeht.
- das Projekt inhaltlich voll durchstartet und der erste Meilenstein naht.
- der Projektleiter passiv auf Klärung offener Punkte wartet.
- der Projektleiter noch in anderen Projekten verhaftet ist und seine Prioritäten kurzfristig setzt.
- schlichtweg das Wissen über notwendige Projektmanagementaufgaben in der Start- und Planungsphase fehlt. Dazu gehören vor allem die Auftragsklärung, das Set-up von Projektorganisation und Team, das Projektkommunikations- und -informationssystem, das Reporting, das anzuwendende Prozessmodell (klassisch, hybrid, agil), die Klärung und Vorbereiten notwendiger Werkzeuge für die Planung und die Steuerung. Im laufenden Projekt ist das Nachholen solcher Aufgaben schwierig und um ein Vielfaches aufwändiger, teilweise wirkungslos und in Folge frustrierend.
- der Mut fehlt, bisherige Routinen zu hinterfragen, z.B. „Die Projekttermine bekomme ich vom Vertrieb vorgegeben." „Den Kick-off macht man bei uns halt so." „Das Projektbudget entspricht der Vertriebskalkulation." „Die Zusammensetzung des Teams läuft über die Linienorganisation."

Erfreulicherweise sind die Kickpoints den meisten Projektleitern thematisch sehr gut bekannt. Dem vorliegenden Buch soll es daher erlaubt sein, Basiswissen über Projektmanagement beim Leser vorauszusetzen, um direkt auf den Punkt zu kommen – ersichtlich durch den häufigen Einsatz von Aufzählungen. Dabei bleibt ein Anspruch auf inhaltliche Vollständigkeit bewusst unerfüllt, da der Versuch Projektmanagement auf das Wesentlichste zu reduzieren im Vordergrund steht.

Jeder Kickpoint präsentiert sich hier dem Leser mit folgendem Aufbau:

- Einstiegszene mit Projektleiter Max
- Um was es geht
- Situationen, die Ihre Aufmerksamkeit auf den Kickpoint lenken
- Typische Schwierigkeiten aber auch Chancen für Projektleiter
- Checkliste für Umsetzer mit praxiserprobten Tipps für die Vorbereitung, Durchführung und Nachbereitung des Kickpoints
- Kickpoint als Standard im Unternehmen: Praxisfall eines projektorientierten Unternehmens, das Kickpoints als Projektmanagementstandard einführte und lebt

Das Fallbeispiel des österreichischen Familienunternehmens List GC veranschaulicht die organisatorische Einbettung der Kickpoints als Standard für die Projektabwicklung. Das Unternehmen entwickelte sich innerhalb drei Generationen von einer lokalen Tischlerei zu einem globalen „best-in-class“ Innenausstatter für Luxusyachten und Hochbauprojekten. Der Umsatz (ca. 90 Millionen EUR im Jahr 2023) wird mit Auftragsprojekten erwirtschaftet, d.h. Projektmanagement gilt als Geschäftsprozess.

Im Zuge der Strategiearbeit im Jahr 2018/2019 entschied sich die Eigentümerfamilie und Geschäftsleitung den Projektmanagementreifegrad auf die höchste Stufe – „gelebt“ – zu heben. Eine weitere Optimierung auf Prozessebene versprach keine ausreichende Verbesserung im Verhältnis zum Aufwand. Gleichzeitig verlangten der hohe Qualitätsanspruch auf Produkt- und Abwicklungsseite, das internationale, dynamische Umfeld, ein spürbar steigender Kostendruck, und auch die sich ändernde Werthaltung jüngerer Mitarbeiter eine Neuausrichtung im Verständnis von Projektarbeit. Die Einführung der Kickpoints als Projektmanagementstandard lief parallel zu den Trainings der Projektleiter und ihren Stellvertretern. Transfercoachings begleiteten beim „ins Leben bringen". Angepasste Trainings mit Transfercoachings durchliefen auch alle anderen Kernteamrollen (Engineering, Manufacturing, Outfitting). Nach ca. 2 Jahren führte ein Kickpoint Reality Check zu Anpassungen. Die wesentlichen Änderungen bestanden darin, das Auftragsklärungsgespräch in drei (statt bisher zwei) Kickpoints zu unterteilen und die Claim- und Changeverhandlung nicht mehr als Kickpoint zu listen, da der COR (Change Order Request) Prozess den Ansprüchen genügte. Seiner frugalen Werthaltung verpflichtet, verschlanken sich Kickpoints, wo sie keinen Mehrwert mehr liefern.

2023 unterzog sich das Unternehmen einer radikalen Reorganisation und verwandelte sich in eine Zellstruktur[4]. Projektkernteams bilden seither Peripheriezellen und agieren als selbstständig agierende Unternehmen im Unternehmen.

---

[4] nach Nils Pfläging und Silke Hermann, „Zellstrukturdesign: Eine neue Sozialtechnologie, die unternehmerischer Wertschöpfung Flügel verleiht", 2020

Abbildung: List GC Organisation (2024)

Die Darstellung des Praxisfalls deckt sich weitgehend wortgleich mit den Inhalten des unternehmensinternen Qualitätsmanagementdokuments „Kickpoints – der rote Faden im Projekt“ aus dem Jahr 2024.

Kickpoint 1 Auftragsklärungsgespräch

„Gute Nachrichten! Wir haben den Auftrag, die Bestellung kam gestern rein. Max, ich kann mit Dir rechnen?“ Das wöchentliche Jour fixe mit Gloria birgt immer wieder Überraschungen. So richtig glaubte Max nicht mehr an diesen Auftrag. Er erinnerte sich an den zähneknirschenden Gesichtsausdruck seines Kollegen aus der Projektkalkulation, nachdem Max ihm seine Schätzung der Planstunden rückmeldete und auf offensichtliche Terminrisiken hinwies. Und jetzt ist es da, das neue Projekt. Während Gloria eine Anekdote über die letzte Vertragsverhandlung zum Besten gibt, spürt Max eine widersprüchliche Mischung aus Freude über die kommende Herausforderung und Unruhe, die sich aus für ihn unzähligen offenen Fragen nährt. „Finden wir einen Termin für ein Auftragsklärungsgespräch“, fordert Max, „am besten noch diese Woche.“

Um was es geht

Starten statt Warten lautet die Devise. Projektleiter versuchen vom Start weg eine aktive Rolle einzunehmen, denn Projekte fallen nicht einfach so vom Himmel. Ausschlaggebend ist dabei der Zeitpunkt des Einstiegs. Kennt der Projektleiter das Projekt bereits aus der Vorprojektphase, z.B. Konzeptions- bzw. Vertriebsphase, ist eine frühzeitige Einflussnahme möglich. Übernimmt er vom Vertriebsverantwortlichen oder seinem internen Projektauftraggeber das Projekt, geschieht das meist, ohne über vorhandenes Detailwissen zu verfügen. Es liegt daher im Interesse des Projektleiters für eine klärende Projektbeauftragung zu sorgen. In einem oder mehreren Auftragsklärungsgesprächen[5] versucht der Projektleiter ein mit dem Auftraggeber geteiltes **Bewusstsein des Grades an Auftragsklarheit** zu folgenden Punkten zu erreichen:

- Sinn, Nutzen und Entstehungsgeschichte
- Liefer- und Leistungsumfang
- Hauptaufgaben und Meilensteine
- verfügbare Ressourcen
- potenzielle Risiken und Chancen
- Projektrollen und Stakeholder

Achtung Kickpoint!

Situationen, in denen Sie einen Termin für ein (zusätzliches) Auftragsklärungsgespräch unverzüglich einfordern sollten:

- Sie wurden soeben als Projektleiter ernannt.
- Gefühlt leiten Sie ein Projekt, sind aber offiziell nicht Projektleiter.
- Ihr Kollege vom Vertrieb verkündet stolz den Vertragsabschluss mit dem Kunden, für den Sie als Projektleiter seit Jahren gesetzt sind.

---

[5] Andere gängige Bezeichnungen sind Startgespräch, Handover-Meeting, Übergabegespräch, Projekteinführungsgespräch

- Von vergangenen Projekten lernten Sie, dass zu viel Zeit verloren geht, wenn Sie auf eine Einladung zu einem Auftragsklärungsgespräch warten.
- Kernunterlagen aus der Vorprojektphase (Business Case, Vertrag, Lieferverzeichnis) bieten großzügig Raum für Annahmen und Interpretationen.
- Sie müssen sich zugestehen, im bereits stattgefundenen Auftragsklärungsgespräch wurde viel geredet, aber wenig gesagt.
- Die Befürchtung inkompetent zu wirken, lässt Sie zögern, ein weiteres Auftragsklärungsgespräch einzufordern.
- Erste Erzählungen über das Projekt klingen verniedlichend („Routine", „einfach", „schnell", „wie immer", „alles klar" etc.).

Typische Schwierigkeiten für Projektleiter

- Für den Vertrieb ist das Ziel mit der Vertragsunterzeichnung emotional positiv erfüllt (cooling down), *aber* der Projektleiter beginnt erst jetzt richtig warm zu laufen (warming up).
- Der Projektleiter will sich umfassend informieren, *aber* sein Gegenüber möchte rasch übergeben.
- Dem Kunden wurden frühzeitig erste Ergebnisse in Aussicht gestellt, *aber* ein konzentrierter Projektstart benötigt Zeit.
- Auf Kundenseite wurden hohe Erwartungen im Zuge der Vertriebsphase geschürt, *aber* fachlicher Realismus für die Abwicklung steht dem jetzt gegenüber.
- Der Vertrieb kalkuliert nach der Logik von Produktgruppen bzw. Leistungsverzeichnis, *aber* der Projektleiter plant, denkt und handelt in Aufgaben und Terminabläufen.
- Der Projektleiter stellt berechtigte Verständnisfragen, *aber* sein Gegenüber reagiert mit Rechtfertigungen.
- Übernahme von „Oben" ohne Widerrede, *aber* es bestehen substanzielle Bedenken mit dem Projekt.

- Der Projektleiter soll Ergebnisverantwortung übernehmen, *aber* es werden ihm unzureichende Entscheidungskompetenzen zugesprochen.

Chancen für Projektleiter

- Die Sinnhaftigkeit des Projekts ist vom Start weg klarer.
- Der Grad an Klarheit über den Projektauftrag ist vom Start gegeben, d.h. alle Beteiligte wissen auch, was sie noch nicht wissen und wie sie damit umgehen.
- Bewertungen über Risiken und Chancen, die in der Vorprojektphase erfolgten, werden geprüft.
- Es werden die bisherigen Plandaten des Projekts nahtlos übernommen.
- Die gesamte Dokumentation aus der Vorprojektphase wird dem Projektleiter übergeben.
- Rollenklarheit wird gefördert (vor allem vom Vertrieb, internen Projektauftraggeber und Projektleiter) und Partnerschaften vom Start weg gestärkt.
- Eine Mitgestaltung des Projektorganigramms, vor allem die Zusammenstellung des Kernteams, kann frühzeitig einleitet werden.
- Voraussetzungen für den nächsten Kickpoint 2 ● Startevent sind gegeben.

Checkliste für Umsetzer

1. Vorbereitung

☐ Falls keine Einladung erfolgt, ein Auftragsklärungsgepräch aktiv einfordern

☐ Das Meeting organisieren, die Agenda abstimmen und somit die Führung übernehmen

- ☐ Alle vorhandenen Dokumente zum Projekt (Vertrag, Leistungsverzeichnis, Pläne und Entwürfe, Terminplan, ...) einfordern und prüfen
- ☐ Daraus eine Frageliste ableiten
- ☐ Eigene innere Haltung gegenüber Vertrieb/internen Projektauftraggeber prüfen. Engagement des anderen grundsätzlich würdigen („Ich bin ok und Du bist ok"), um sich selbst in einen konstruktiv-professionellen Modus zu bringen
- ☐ Selbstreflexion der inneren und äußeren Zustände anstoßen:
    - eigene Stärken und Schwächen, Ziele und Zielkonflikte, eigene Einstellung zum Projekt, Ängste, Hoffnungen, Werte etc.
    - anwendbarer Projektmanagement-Standard, Kundenbeziehung, Unternehmensstrategie etc.
- ☐ Projektorganigramm mit Wunschkandidaten als Vorschlag vorbereiten, um den Referenzrahmen für Kickpoint 3 ● Ressourcenverhandlung zu setzen

2. Durchführung

- ☐ Internes Formular bzw. Checkliste für Projektstart als Leitfaden nutzen
- ☐ Mit Fortdauer des Gesprächs die Gesprächsführung übernehmen. Zuerst erzählen lassen, dann über offene Fragen führen
- ☐ Viele offene Fragen stellen, um Informationen zu gewinnen. Dabei aktives Zuhören als Technik anwenden
- ☐ Die Frage nach dem „Warum?" bewusst einsetzen, um Motive und Hintergründe zu erfahren, aber Rechtfertigungen vermeiden (kaum Informationsgehalt, zeitraubend, Störung der Beziehung). Eine alternative Frageformel lautet: „Wie ist es dazu gekommen, dass ..."
- ☐ Spätestens jetzt eine lückenlose Dokumentation aus Projektvorphase einfordern, z.B.:
    - Business Case, Preiskalkulation
    - Kundenvertrag

    - Leistungsverzeichnis
    - Risikoanalyse
    - Projektmanagementpläne
    - Protokolle
- ☐ Sich von druckvollem Verhalten des Gegenübers (z.B. wiederholendes Unterbrechen, kurz angebunden sein, Häufung des Wortes „müssen“) innerlich distanzieren
- ☐ Den Grad an Klarheit feststellen, Klärungsschritte festlegen und als Gesprächsergebnis schriftlich festhalten
- ☐ Rolle (Rechte, Pflichten, Aufgaben) des internen Projektauftraggebers bzw. Sales für Realisierungsphase klären
- ☐ Für eigene Überzeugungen einstehen (z.B. Projekt Startevent, Projektcoaching-Kontingent, kritische Teamressourcen, Erfolgsprämie)

3. Nachbereitung

- ☐ Rechtzeitige Einbindung von Experten (Juristen, Vertrieb, Einkauf, Qualitätsmanagement, PMO etc.)
- ☐ Aktualisierung des Projektauftrags mit internem Auftraggeber bei Bedarf vornehmen
- ☐ Persönliche Kapazitäten für das Projekt kritisch prüfen und eventuell mit dem Umfeld abstimmen (z.B. Familie, Partner, anderes Projekt etc.)
- ☐ Mit der Vorbereitung für Kickpoint 2 ● Startevent beginnen

Fallbeispiel - Kickpoint als Standard im Projektmanagement

Ein Projekt bei List GC durchläuft 7 Kickpoints. In diesen erfolgsrelevanten Kommunikationsmomenten werden zu unterschiedlichen Zeitpunkten im Projekt unterschiedliche Themenkreise behandelt, um den Projekterfolg sicherzustellen. Das Unternehmen unterteilt seinen **ersten** Kickpoint in drei Momente. Der Start erfolgt mit einer **Projektpräsentation** (Kickpoint 1a). Innerhalb einer Woche folgt das **Projektstrategiemeeting** (Kickpoint 1b). Bis vier Wochen nach der Projektpräsentation hat die **detaillierte Übergabe** (Kickpoint 1c) zu erfolgen.

Kickpoint 1a ● Projektpräsentation
Die Projektpräsentation ist der interne Projektstart für die Projektzelle.

> Ziele:

- interne Beauftragung des Projekts an die Projektzelle ist erfolgt
- Basisinformationen (Projektbezeichnung, Ausbaufläche, Werft, Projektleiter, ...) zum Realisierungsprojekt wurden allen internen Stakeholdern präsentiert

> Lead: Operations-Shop
> Teilnehmer: alle List GC Mitarbeiter mit Aufgaben im Projekt
> Organisation, Moderation und Dokumentation: Kalkulant
> Dauer: ~15 Minuten

Kickpointstory: Der Kalkulant des Projekts schreibt in Abstimmung mit dem Operations-Shop einen Termin aus. Der Kalkulant und der Verkäufer präsentieren die Eckdaten des Projekts wie z.B. Kategorie, Start, Ende, Erfüllungsort, Klassifikation, interner Auftraggeber, Projektleiter, Werft, Designer, Eignervertreter, usw. Es werden die auszuführenden Arbeiten und die Ausgangssituation beschrieben, relevante Dokumente (Vertrag, Sondervereinbarungen, Terminplan, ...) benannt und es werden Infos zu weiteren Ausbaufirmen gegeben. Es werden ein General Arrangement und Renderings gezeigt. Danach findet eine Projektkategorisierung in der Projektakte statt (Prüfung der Einschätzung aus der Akquise Phase). Die Projektzelle hat jetzt den offiziellen Auftrag dieses Projekt abzuwickeln. Unmittelbar im Anschluss an die Projektpräsentation stimmen die relevanten Personen aus dem Operations-Shop mit dem Projektleiter die Termine für die weiteren Kickpoints ab. Die Dokumentation erfolgt durch den Kalkulanten in der Projektakte.

Kickpoint 1b ● Projektstrategiemeeting

Im Projektstrategiemeeting wird ein abteilungsübergreifendes Best Case Szenario definiert und damit ein gleiches Verständnis der Projektziele geschaffen.

> Ziele:

- Abstimmung zu internen Ressourcen und zu geplanten Eigenleistungen (CAD, Möbelproduktion, Site Management) ist erfolgt
- Abstimmung zu relevanten Vergaben (CAD, Möbel, Stein, ...) ist durchgeführt
- Gleiches Verständnis der Projektstrategie ist geschaffen
- Nächste Schritte im Projekt sind festgelegt

> Lead: Operations-Shop
> Teilnehmer: Operations-Shop, Projektzelle (Projektleiter), Verkäufer, Kalkulant
> Moderation und Dokumentation: Projektleiter
> Dauer: ~30 Minuten

Kickpointstory: Operations-Shop schreibt einen Termin aus. Der Kalkulant und der Verkäufer geben ihren Input zur Erwartungshaltung des Kunden aus der Akquise Phase (z.B. Eigenfertigungsanteil). Der Projektleiter gibt einen groben Überblick zum Leistungsumfang inkl. Nahtstellen mit dem Kunden und zu den Terminen (CAD, Produktion, Montage). Die relevanten Personen aus dem Operations-Shop geben ihren Input zu den intern und extern verfügbaren Ressourcen. Im Anschluss wird gemeinsam ein Best Case Szenario definiert und es werden bei Bedarf Folgetermine in kleineren Runden definiert. Die Ergebnisse werden in der Projektmanagement Software dokumentiert und von den Beteiligten per Checkbox bestätigt. Alle Beteiligten haben nach diesem Termin einen klaren Blick auf die Projektstrategie.

Kickpoint 1c ● Detaillierte Übergabe

Bei der detaillierten Projektübergabe werden alle relevanten Informationen (Vertrag, Beilagen, Spezifikationen, Terminpläne, Angebote, relevanter Schriftverkehr, ...) vom Verkäufer und dem Kalkulanten aus der Akquise Phase an die Projektzelle übergeben.

> Ziel:

- Alle Informationen wurden von den Personen, die in der Akquise Phase involviert waren an die Projektzelle übergeben

> Lead: Projektzelle
> Teilnehmer: Projektzelle, Kalkulant, Verkäufer
> Moderation und Dokumentation: Kalkulant
> Dauer: 2 - 4 Stunden

Kickpointstory: Die Projektzelle hat sich in die nach der Projektpräsentation übergebenen Unterlagen eingelesen und schreibt einen Termin mit dem zuständigen Verkäufer und dem Kalkulanten aus. Im Meeting werden in jedem Fall folgende Themen besprochen:

- Vertrag und Fristen
- Kundenerwartungen und Stakeholder
- Gesetzte Lieferanten, risikobehaftete Materialien
- Durchsicht der bereits eingeholten Angebote
- Aufbau der PSC (Project Scorecard): Wo finde ich was?
- Vorgehensweise bei Vertragsabweichungen
- Technische und designspezifische Details
- Nahtstellen
- Dokumente in der Ordnerstruktur
- Noch fehlende bzw. ausstehende Informationen
- Risiken und Chancen

Meine Notizen zu diesem Kickpoint

Kickpoint 2 Startevent

„Liebes Projektteam, lieber Max! Ich darf Euch zum Start des Projekts ein paar grundlegende Informationen vermitteln, warum wir diesen Auftrag gemeinsam mit unserem Kunden realisieren wollen und welche Rolle ich dabei einnehmen werde. Danach übernimmt Max und führt Euch durch den restlichen Tag“, eröffnet Gloria das Startevent für das Projekt und braucht kaum 15 Minuten für Ihre Ausführungen. Max blickt währenddessen in die aufmerksamen Gesichter der Kernteammitglieder. Mit Peter hat er noch nie zusammengearbeitet. Emma und Vincent kennt er aus den letzten beiden Projekten. „Auf Emma war immer Verlass. Vincent hingegen ist nicht immer einfach zu führen“, schweifen seine Gedanken kurz ab, bevor er aufsteht und die Staffel von Gloria übernimmt.

Um was es geht

Nach erfolgter Klärung des Projektauftrags bereitet der Projektleiter das Startevent vor. Ein Startevent ist eine Kombination aus einem Kick-off und einem Planungs-Workshop. Der Kick-off markiert für Projektbeteiligte den offiziellen Start des Projekts. Zusätzlich zum (designierten) Projektteam können auch relevante Stakeholder zum Kick-off eingeladen werden. Direkt anschließend oder auch zeitversetzt findet mit dem Projektteam der Planungs-Workshop statt. Für Kleinstprojekte mit Routinecharakter reicht oft ein kurzes Kick-off Meeting (1 – 2 Stunden) als Startevent. Großprojekte mit hoher Komplexität und einer Vielzahl an Teammitgliedern investieren bis zu 3 Tagen in einen gemeinsamen Start. Ob großes oder kleines Projekt, die Ziele eines Startevents bleiben immer dieselben: Orientierung herstellen und einen hohen Grad an gemeinsam geteilter Projektsicht schaffen. Die beteiligten Personen machen sich ihren ersten prägenden Eindruck vom Projekt, vom Projektleiter und von sich selbst als Team.

Projektleiter vermeiden den Anspruch, um jeden Preis eine saubere Detailplanung aus dem Startevent als nachweisbares Ergebnis für das Management zu liefern. Primärer Kunde und Nutzer des Startevents ist das Projektteam selbst.

Ein Startevent bildet auch den Rahmen einer unverzichtbaren Förderung zur Vernetzung von Wissen und Erfahrung aller Teammitglieder. Eine gemeinsame Planung bringt realistische Planwerte, ergänzende Ideen und fördert die persönliche Verbindung mit dem Projekt. Projektleiter, die darauf verzichten, dürfen sich später über fehlenden Zusammenhalt, mangelnde Innovationskraft, schlechte Kommunikation und Zuständigkeitsprobleme nicht wundern. Folgekosten, die sich daraus direkt und indirekt ergeben, können als Fehlleistungen dem Projektmanagement zugerechnet werden.

Der dargestellte *Ablauf eines Startevents* bringt seine *Wirkung* zur Geltung, wenn

1. geeignete Aktivitäten das Kennenlernen von neu zusammengesetzten Teams fördern.
2. die Projektziele bzw. Product Vision für alle sachlich, sozial und zeitlich abgrenzt vermittelt werden.
3. eine Gesamtübersicht der vereinbarten Lieferobjekte (Produktstrukturplan, Product Backlog Themes), und eine abgestimmte

Aufgabenübersicht (Projektstrukturplan, Work Breakdown Structure) erarbeitet werden.
4. Rollen, eindeutige Zuordnungen zu Aufgabenbereichen und in Folge die Schnittstellen klarer sind.
5. der vorhandene Terminplan (z.B. Vertragsterminplan) mit dem Team nach Machbarkeit, Risiken und Chancen geprüft und bei Bedarf zu einem detaillierten Projektterminplan weiterentwickelt wird.
6. Umfelder, Chancen und Risiken erkannt, bewertet und gestaltet werden.
7. der Steuerungskreislauf für das Projekt allen klar ist.
8. sich das Team zu eigenen Spielregeln verpflichtet.

Achtung Kickpoint!

Situationen, in denen Sie auf jeden Fall ein Startevent einplanen sollten:

- Bei Ihrer Aufgabe handelt es sich um ein Projekt und um keinen Routineauftrag.
- Die Menschen in Ihrem Projektteam kennen sich noch nicht.
- Sie sind von der Arbeitsleistung anderer Menschen abhängig.
- Ihnen fehlen das Wissen und die Erfahrung, um das Projekt im Detail zu planen.
- Das Team und Sie wollen wissen, wie der Weg zum Ziel konkret aussieht.
- Teamentwicklung betrachten Sie als Teil Ihrer Aufgaben als Projektleiter.
- Lessons Learned aus vergangenen Projekten empfehlen einen geordneten Projektstart.

Typische Schwierigkeiten für Projektleiter

- Einen Startevent vorzubereiten, benötigt Zeit, *aber* das Projekt startet bereits mit hoher Geschwindigkeit.
- Ein Startevent ist für das Team wichtig, *aber* wesentliche Eckpunkte sind noch ungeklärt, unbrauchbar oder fehlen (z.B. Planungsunterlagen vom Kunden).
- Der Projektleiter will das Team vom Projekt überzeugen, *aber* es gibt offenkundige und berechtigte Skepsis gegenüber dem Vorhaben.
- Der Projektleiter will das „Big Picture“ präsentieren, *aber* Experten im Team interessieren sich für konkrete Fachthemen.
- Es gelten enge Vorgaben durch die Planung aus der Vorprojektphase, *aber* die Einschätzungen des Projektteams stehen diesen entgegen.
- Die endgültige Zusammensetzung des Teams basiert auf den erst zu erarbeitenden Planungsergebnissen, *aber* eine Detailplanung erfolgt idealerweise durch das Team selbst.
- Die Projektteammitglieder streben nach Planungstiefe, *aber* der Projektleiter zielt mit begrenzter Workshopzeit eine Planungsbreite an.
- Die Projektteammitglieder denken in Projektinhalten, *aber* der Projektleiter verfolgt Projektmanagement.
- Der Projektleiter soll als neutraler Workshop-Moderator den Ablauf steuern, ist *aber* auch Experte und trägt die volle Ergebnisverantwortung.

Chancen für Projektleiter

- Alle Leistungsträger starten gemeinsam ins Projekt.
- Der Projektleiter zeigt und positioniert sich erstmals als Teamleader.
- Das Kernteam verinnerlicht das „Big Picture“ des Projekts und versteht Ziele und Sinn.

- Gefühle wie Zuversicht, Vertrauen, Orientierung werden emotional verankert und ein erstes „Wir-Gefühl" kann entstehen.
- Als Projektleiter wird man für das Kernteam, den internen Projektauftraggeber und eventuell auch für den Kunden als Profi sicht- und erlebbar. Das schafft Vertrauen zu den Beteiligten und in sich selbst.
- Aktives Gestalten der Teamentwicklungsprozesse Forming (Kick-off) und Storming (Planungs-Workshop).
- Erste gemeinsame Teamarbeit mit erzielten Ergebnissen.
- Einbeziehung des Teams in die Planung erhöht die Verbindlichkeit in der Durchführung.
- Das Team bekommt eine konkrete Vorstellung vom Ziel und den Weg dorthin.
- Realistische Planwerte für den nächsten Kickpoint 3 ● Ressourcenverhandlung liegen vor.

Checkliste für Umsetzer

1. Vorbereitung

- ☐ Projektauftrag ist vorhanden
- ☐ Rahmenbedingungen berücksichtigen (Raum, Verpflegung, Zeitpunkt)
- ☐ Kick-off Präsentationsaufbau: 1. Warum, 2. Was und Was nicht, 3. Wann, 4. Wie und Wieviel, 5. Wer
- ☐ Lessons Learned aus vergleichbaren Projekten berücksichtigen
- ☐ Bildhafte Darstellung von Projektzielen hilft dem Verständnis
- ☐ Einbindung des internen Auftraggebers
- ☐ Eigene Stärken kennen und bewusst für Startevent einsetzen
- ☐ Methodenkompetenz für Projektplanung im Team vorab sicherstellen
- ☐ Planungszyklus konsequent einhalten (1. Ziele, 2. Aufgaben, 3. Termine, 4. Ressourcen, 5. Kosten)
- ☐ Zuerst zielorientiert, danach retrograde planen

- ☐ Analoges statt digitales Arbeiten vorbereiten - IT-Tools im Startevent steigern unnötig die Komplexität
- ☐ Sie positionieren sich als vielseitige Führungskraft: Experte, Moderator, Informant, Motivator, Entscheider, Beobachter und Coach
- ☐ Oben genannte Punkte in ein Workshopdesign für den Startevent gießen
- ☐ Bei Bedarf Profi-Moderation anfordern

2. Durchführung

- ☐ Als Vorbild agieren (vorbereitet, pünktlich, konzentriert, überzeugt)
- ☐ Internen Projektauftraggeber kurz eröffnen und strategische Bedeutung des Projekts vermitteln lassen (Jedes Projekt trägt zum Unternehmenserfolg bei!).
- ☐ Rasche Übergabe an Projektleiter
- ☐ Keine Werbeveranstaltung, Risiken offen ansprechen
- ☐ Situative Führungsstile im Startevent anwenden
  - Kick-off-Teil: direktiv und klar
  - Planungsteil: partizipativ und moderierend
- ☐ Keine Grundsatzdiskussionen zulassen – das Projekt ist beauftragt!
- ☐ Eigene Werte platzieren und Überzeugung authentisch zeigen - Erwartungen ans Team ausdrücken
- ☐ Nichts voraussetzen – verständlichste Information anbieten
- ☐ Über wesentlichste Rahmenbedingungen informieren: Kommunikationsplan, geltende Standards, Projektlaufwerk etc.
- ☐ Zeit einhalten, um eine Kultur von Verlässlichkeit und Glaubwürdigkeit vom Start weg im Projekt zu stärken
- ☐ Ganzheitliche Planung statt Detailplanung – Mut zur Lücke
- ☐ Denken in Resultaten fördern (Ziele, Ergebnisse, Meilensteine, Nutzen)
- ☐ Kritische Stimmen würdigen, aber auch Grenzen ziehen - bei Bedarf Einzelgespräche daraus ableiten
- ☐ Gruppendynamische Vorgänge beobachten und intervenieren

- ☐ Risikocontainer begleitend füllen
- ☐ Workshop als erstes Teamereignis mit Ergebnissen sehen und würdigen
- ☐ Reifegrad der Teammitglieder erstmals beobachten und Führungsstrategien ableiten
- ☐ Steuerungssystem im Projekt (Was, Wann und Wie) erklären und mit Beispiel vermitteln
- ☐ Spielregeln mit dem Projektteam erst kurz vor Ende des Startevents festlegen und konkretisieren, z.B. offener Umgang?
- ☐ Noch offene Fragen und Stimmung am Ende einfangen
- ☐ Ausblick auf nächste Schritte für das Team muss klar sein
- ☐ Regeltermin für Kickpoint 4 ● Teammeeting hier und jetzt fixieren

3. Nachbereitung

- ☐ Offene Fragen des Teams bearbeiten
- ☐ Unterlagen des Startevents auf Projektlaufwerk verfügbar machen
- ☐ Planungsergebnisse auf das Projektlaufwerk stellen
- ☐ Feinplanung mit jedem Arbeitspaketverantwortlichen bei Bedarf finalisieren:
    - o Arbeitspaketspezifikation
    - o Termine
    - o Personalaufwand und Kosten
    - o Potentiale, Risiken und Befürchtungen
- ☐ Rückschlüsse auf Ressourcenplanung mit Linienorganisation ziehen
- ☐ Vorbereitung auf Kickpoint 3 ● Ressourcenverhandlung: Planungsergebnisse und mögliche Abweichungen zu Termin- und Budgetvorgaben aus Projektauftrag bzw. Vertriebskalkulation darstellen, Lösungsszenarien als Entscheidungsgrundlagen vorbereiten

Fallbeispiel - Kickpoint als Standard im Projektmanagement

Beim Startevent plant die Projektzelle ihr Projekt hinsichtlich Zeit, Kosten und Leistungsumfang im Detail.

> Ziele:

- Einheitlicher Wissensstand in der Projektzelle ist hergestellt
- Realistische Planwerte sind ermittelt
- Ergänzende Ideen zur Realisierung sind erarbeitet
- Teamforming und Commitment aller Teammitglieder zum Projekt sind gefördert

> Lead: Projektzelle
> Teilnehmer: Projektzelle, CAD-Koordinator, Produktionskoordinator, Site Manager
> Moderation und Dokumentation: Projektleiter (bei Bedarf Operations-Shop)
> Dauer: 1 Tag

Kickpointstory: Direkt nach der detaillierten Übergabe (KP1c) schreibt die Projektzelle ihren Startevent mit einer Vorlauffrist von idealerweise vier Wochen aus. Das Event ist für einen Tag an einer externen Location geplant. Bei Bedarf wird die Moderation vom Operations-Shop übernommen. Es werden folgende Themen behandelt:

- Einleitung durch den Operations-Shop
- Definition von internen Spielregeln (Meetings, Fortschrittabfrage, Kostenverfolgung, ...)
- Projekt inkl. Werft, Designer, Eignervertreter nochmals kurz vorstellen (inkl. Umgang mit relevanten Stakeholdern)
- Erkenntnisse aus dem Strategie Meeting vorstellen (Best Case Scenario)
- Klarstellen von gegenseitigen Erwartungen aller Projektbeteiligten
- Gemeinsame Zuordnung der Arbeitspakete (PSP = Projektstrukturplan)
- Gemeinsame Sicht der Budgets
- Terminplan erklären und grobe Milestones je Arbeitspaket definieren (z.B. Starttermine für CAD, Produktion und Montage)
- Lessons Learned aus Vorgänger- oder Referenzprojekten
- Risikobewertung und Maßnahmendefinition

Nach dem Startevent haben alle Mitglieder des Kernprojektteams ein klares Bild vom Projekt. Sie wissen für welche Arbeitspakete sie verantwortlich sind, kennen die kalkulierten Budgets und Meilensteine, die sie erreichen müssen, sowie die Risiken und Chancen in ihren Arbeitspaketen. Es entsteht eine maximal mögliche Identifikation im Projektstart.

Meine Notizen zu diesem Kickpoint

Kickpoint 3 Ressourcenverhandlung

„Das ist ja alles gut und schön", reagiert Oliver auf Max' Präsentation der adaptierten Planwerte aus dem Startevent und fährt mit einem leichten Vorwurf im Ton fort, „nur wie stellst Du Dir vor, Peter für zwei Monate im dritten Quartal für Dein Projekt Vollzeit einzuplanen? Ich brauche ihn für einen anderen Auftrag." Max entgegnet: „Genau für solche Einsätze haben wir uns Peter geholt. Der Projekterfolg hängt auch stark von seinen Qualifikationen ab. Wir brauchen ihn! Eine entsprechende Berücksichtigung nahm ich in der Angebotskalkulation vor. Offenbar konnte dieser Aufwand beim Kunden nicht durchgesetzt werden." „Moment, meine Herren", schreitet Gloria in das sich anbahnende Patt ein, und übernimmt eine moderierende Rolle in der Ressourcenverhandlung.

Um was es geht

Erkenntnisse aus dem Startevent liefern dem Projektleiter gewichtige Argumente für anstehende Ressourcenverhandlungen mit Entscheidungsträgern im Unternehmen. Bevor das Projekt richtig loslegt, mutet der Projektleiter seinem Management realistische Planwerte zu. Abweichungen zu Planwerten aus der Vorprojektphase sind jetzt Gegenstand der Verhandlung. Im Wesentlichen geht es dabei um Kapazitäten der drei M (Mensch, Material, Maschine) und eine angemessene Risikorückstellung.

Achtung Kickpoint!

Situationen, bei denen Sie einen Termin für eine Ressourcenverhandlung einfordern sollten:

- Die Aufwandsschätzung und damit verbundenen Annahmen aus der Vorprojektphase weichen von den Planungsergebnissen des Kickpoints 2 ● Startevents deutlich ab.
- Offensichtlich werden Ihrem Projekt nicht automatisch Ihre Wunschkandidaten mit entsprechenden Kapazitäten zugeteilt.
- Sie sind mit dem vorgeschlagenen Team nicht einverstanden.
- Die Sicherstellung Ihrer Schlüsselressourcen (z.B. Teilprojektleiter, Experte, Leistungsträger, Sondermaterialien, Sublieferanten) ist nicht geklärt.

Typische Schwierigkeiten für Projektleiter

- Aus Projektsicht gibt es einen hohen Qualitätsanspruch, *aber* die „guten Leute“ sind meist schon vergeben.
- Projektteams setzen sich interdisziplinär zusammen, *aber* Diversität im Team kann den Projektleiter überfordern.
- Fachlich führt der Projektleiter, *aber* die disziplinäre Weisungsbefugnis bleibt in der Linienorganisation.
- Planung ist die Voraussetzung für Qualifikation-, Mengen- und Zeitbedarf, *aber* realistische Planung ist erst unmittelbar durch das Team selbst möglich.
- Abweichungen zur Vertriebskalkulation werden vom Projektleiter nachvollziehbar argumentiert, *aber* die für die Vorprojektphase verantwortlichen Personen, z.B. Vertrieb/Kalkulation neigen in der

Ressourcenverhandlung dazu, ihre Projektplanungsleistung zu rechtfertigen („Ein höherer Preis war nicht machbar!“).

- Nach der Ressourcenverhandlung ist der Projektleiter für die Erreichung der Planwerte verantwortlich, *aber* seine Einflussmöglichkeiten diese festzulegen sind begrenzt.
- Der Projektleiter soll auf Risiken hinweisen, *aber* das Management nimmt solche Hinweise auf bislang unberücksichtigte Risiken nicht immer offen entgegen (Projektleiter als Überbringer negativer Botschaften).

Chancen für Projektleiter

- Die qualitativ und quantitativ richtige Zusammenstellung des Teams ist einer der größten Erfolgsfaktoren.
- Zumindest sollten die kritischen Ressourcen gesichert sein.
- Vertrauen in bekannte Manpower bringt Effizienzvorteile.
- Ausgeglichene Kombination aus Fach-, Sozial-, Entscheidungs- und Nutzerkompetenz sichern den Projekterfolg.
- Frühzeitiges Aufzeigen von Abweichungen zwischen vertraglich versprochenen versus realistische Planwerte zeichnet unternehmerisch denkende Projektleiter aus. Proaktives Gegensteuern wird dadurch erst ermöglicht.
- Eine angemessene Risikorückstellung erweitert den Handlungsspielraum und erhöht das Gefühl von Sicherheit.

Checkliste für Umsetzer

1. Vorbereitung

- ☐ Signifikante Unterschiede zwischen Planwerten aus Vorprojekt und Startevent aufbereiten
- ☐ Lösungsansätze aus Kickpoint 2 ● Startevents übernehmen und Maßnahmenkatalog ausarbeiten

- ☐ Anforderungen an Ressourcen qualitativ und quantitativ formulieren: Welche Qualifikation, wann, in welchem Ausmaß
- ☐ Über informelle Kanäle das Interesse an Mitarbeit im Projekt abklären
- ☐ Projektmanagementdokumente zur Untermauerung von Argumenten mitbringen (z.B. Terminplan, Risikoanalyse)

2. Durchführung
- ☐ Mit Projektkurzvorstellung und Statusinfo die Ressourcenverhandlungen eröffnen
- ☐ Nutzen für Linienorganisation gemeinsam herausarbeiten, anstatt aufzudrängen
- ☐ Aktiv Zuhören, offene Fragen stellen
- ☐ Gesamtunternehmerisches Verständnis signalisieren und projektorientiert verhandeln
- ☐ Qualifikationen sind wichtiger als Namen - die Wunschpersonen im Organigramm werden als Referenzenqualifikation verwendet (Verhandlungskorridor)
- ☐ Hartnäckig um kritische Ressourcen „feilschen"
- ☐ Mit der Linienorganisation Kommunikationsregeln für das Projekt vereinbaren
- ☐ Sich der Linienorganisation als Partner für eine den Projektzeitraum mögliche Leistungsbeurteilung der Teammitglieder anbieten (Kickpoint 7 ● Feedbackgespräch)
- ☐ Ergebnisse dokumentieren

3. Nachbereitung

- ☐ Verhandlungsergebnis als Gesprächsprotokoll verfassen und bestätigen lassen
- ☐ Projektmanagementpläne (v.a. Organigramm, Ressourcen- und Kostenplan, Risikorückstellung) anpassen
- ☐ Ressourcenplanung anpassen und das Team darüber in Kickpoint 4 ● Teammeeting informieren

Fallbeispiel - Kickpoint als Standard im Projektmanagement

Bei der Ressourcenverhandlung plausibilisiert die Projektzelle basierend auf ihren Erkenntnissen aus dem Startevent, sowie aktuellen Angeboten und Erfahrungswerten ihr Budget im Projekt (Material und Stunden) gegenüber dem Operations-Shop. Dabei unterstützen der Verkäufer und der Kalkulant.

> Ziele:

- Ausgangssituation der zu erwartenden Kosten des Projekts sind abgestimmt (Ausgangspunkt für Projektcontrolling)
- Zielwerte für den Projektleiter sind definiert

> Lead: Projektzelle
> Teilnehmer: Projektzelle (Projektleiter), Operations-Shop, Kalkulant
> Moderation und Dokumentation: Projektleiter
> Dauer: ~2h

Kickpointstory: Die Projektzelle schreibt einen Termin zur Ressourcenverhandlung mit dem Operations-Shop, dem Verkäufer, sowie dem Kalkulanten aus. Der Projektleiter plausibilisiert auf Basis von aktuellen Angeboten die voraussichtlichen Beschaffungskosten in den einzelnen Kostenarten sowie die Eigenleistungen. Dabei berücksichtigt er Reserven (z.B. Regiestunden Montage, Möbelproduktion aus Erfahrungswerten), Risikorückstellungen (für Risiken in den Kostenarten) und zeigt konkrete Chancen zur Ergebnisverbesserung auf. Diese Kosten werden im Meeting gemeinsam plausibilisiert. Es werden Maßnahmen zur Risikominimierung und Chancennutzung besprochen. Der Projektleiter dokumentiert die Werte im Risikoregister. Nach Abschluss der Verhandlung wird der Zielwert über den Workflow der Projektmanagement Software eingestellt. Der Projektleiter teilt dieses Wissen mit der gesamten Projektzelle.

Meine Notizen zu diesem Kickpoint

Kickpoint 4 Teammeeting

Jeden zweiten Dienstag um 9 Uhr erfüllt ein unwiderstehlicher Duft frischer Croissants und wirklich gutem Kaffee den Meetingraum. Das Projektfrühstück wurde zum Ritual. Peter kennt den besten Bäcker und Emma vertreibt mit cremigen Espressos aus röstfrischen Biobohnen die letzten müden Gesichter. Nachdem jeder seinen Zielerreichungsgrad der vergangenen beiden Wochen mit allen teilt, relevante Details dazu ausführt, einen Ausblick auf die kommenden Wochen gibt und mit Fragen ans Team abschließt, fasst Max zusammen: „Im Großen und Ganzen können wir mit unserem Fortschritt zufrieden sein. Nur die 2 Wochen Verzug am kritischen Pfad machen mir Sorgen. Wer von Euch ...“ Da platzt Vincent ins Meeting - wieder einmal zu spät, ohne Vorankündigung.

Um was es geht

Online oder Onsite – der regelmäßige Abgleich der aktuellen Projektsituation im Team ist eine Kernaufgabe des Projektleiters in der Durchführungsphase und schlichtweg unumgänglich. Teammeetings erfüllen das natürliche Bedürfnis von Teams nach sozialer Interaktion und Orientierung im Projekt. Als wiederkehrendes Ritual sind Teammeetings in dynamischen Projekten ein räumlicher und zeitlicher Fixpunkt mit einem immer gleichen Ablauf, der der Logik des *Controllingkreislaufs* im Schnelldurchgang gleicht:

1. *Ist-Situation erheben*
2. *Vergleich mit PLAN, SOLL und FORECAST*
3. *Abweichungen* feststellen, Auswirkungen und Ursachen analysieren
4. *Maßnahmen* ableiten

Achtung Kickpoint!

Situationen, die Sie darauf hinweisen, Ihre Teammeetings kritisch zu hinterfragen:

- In einem Projektmanagementseminar sind Sie irritiert, wenn Sie hören, dass die meisten Kollegen doch regelmäßig Teammeetings durchführen.
- Ein Teammitglied fragt nach, wann es wieder einmal ein Teammeeting geben wird.
- Auf die Frage, wie gut denn die Stimmung in Ihrem Team aktuell sei, haben Sie keine fundierte Antwort.
- Teammitglieder arbeiten in Ihren Teammeetings mit Laptops oder Smartphones gleichzeitig an anderen Aufgaben.
- Bei manchen Teilnehmern fragen Sie sich bereits, warum diese überhaupt teilnehmen.
- Teammitglieder erscheinen zu spät, unvorbereitet, oder gar nicht.
- Teammeetings werden als Zeitverschwendung gesehen.
- Häufig löst das Team in Teammeetings Probleme in Arbeitspaketen und verzettelt sich dadurch in Details.
- Ihre Online-Meetings empfinden Sie als langweilige Routine, die Sie mit zu hohem Redeanteil abarbeiten.

Typische Schwierigkeiten für Projektleiter

- Projekt- und Unternehmensinteressen sind für den Projektleiter bestimmend, *aber* für Teammitglieder stehen oftmals Einzelinteressen im Vordergrund.
- Das Teammeeting soll eine Gesamtprojektsicht liefern, *aber* das Team will Probleme sofort gelöst sehen.
- Im Projekt gibt es viel zu besprechen, *aber* das Meeting ist zeitlich begrenzt.
- Der Projektleiter ist auch ein inhaltlicher Experte, soll *aber* als Moderator das Meeting führen und ein Verzetteln in Details vermeiden.
- Das Team sollte vollzählig anwesend sein, *aber* nicht immer betreffen die Themen alle Anwesenden im gleichen Ausmaß.
- Das Teammeeting sollte als Regeltermin ein wiederkehrendes Ritual mit Stabilitätsfaktor für das Team sein, *aber* das Meeting steht im Wettbewerb mit unvorhergesehenen Vorfällen höherer Priorität anderer Projekte bzw. des Tagesgeschäfts.

Chancen für Projektleiter

- Der Projektleiter und sein Team synchronisieren sich in regelmäßigen Abständen.
- Teammeetings wirken motivierend: Fortschritte werden gemeinsam sichtbar und die Wirksamkeit als Gemeinschaft nachweislich erlebt.
- Der Projektleiter wird als Teamleader und Vorbild mit Führungskompetenz wahrgenommen. In einem Teammeeting wechselt er seine Rollen mehrmals: Moderator, Entscheider, Organisator, Problemlöser Experte und Coach.
- In Teammeetings werden rechtzeitig Probleme bzw. Chancen erkannt, analysiert und Maßnahmen abgeleitet.
- Entscheidungen werden ermöglicht bzw. vorbereitet und gemeinsam getragen.

- Teammeetings geben Hinweise, wie weit das Projektteam die Normingphase im Teamentwicklungsprozess abgeschlossen hat.

Checkliste für Umsetzer

1. Vorbereitung

- ☐ Erhebung der Ist-Daten idealerweise als Bringschuld des Teams automatisieren. Vorgehensweise wurde im Kickpoint 2 ● Startevent mit dem Team vereinbart
- ☐ Statuspräsentation aus Gesamtprojektsicht: Leistungsfortschritt, Termine etc.
- ☐ Wiederholende Agenda: der immer gleiche Ablauf sichert Effizienz und fördert die Ritualisierung
- ☐ Die Teilnahme aller Kernteammitglieder wird vorausgesetzt
- ☐ Alle 6 bis 8 Wochen eine Prozessreflexion, Retrospektiven oder Lessons Learned einbauen
- ☐ Teammeeting bei Bedarf anpassen, z.B. Weekly Stand-ups
- ☐ Kurze Dauer (1 bis 2 Stunden) fördert Fokussierung und Konzentration
- ☐ Pünktlicher Start und Ende als Zeichen der Wertschätzung, Verlässlichkeit und Glaubwürdigkeit. Spiegelt der Umgang mit Zeit in den Teammeetings das Zeitmanagement des Projekts wider?
- ☐ Für virtuelle Meetings gilt:
    - Technik und Anwendung muss bei allen Teilnehmern ausnahmslos funktionieren
    - Videocam einschalten, zum Meetingstart die volle Monitorfläche für die Begrüßung nutzen und Blick immer wieder direkt in die Kamera richten
    - Sprache (Ton, Lautstärke, Tempo, Klarheit) bewusst einsetzen
    - Interaktivität einplanen, z.B. Arbeit am Whiteboard oder geteilten Dokumenten, 5-Minuten-Statutspräsenationen

aktueller Arbeitspakete durch Teammitglieder, Abstimmungen

2. Durchführung

- ☐ Ein Teammeeting darf kein Workshop werden. In Teammeetings geht es um Projektmanagement und nicht Projektarbeit an sich. Es wird festgelegt, wer sich bis wann um was kümmert, anstatt unmittelbar im Teammeeting aktiv zu werden. Falschen Aktionismus vermeiden!
- ☐ Projektstatus präsentieren
- ☐ Persönliche Probleme in anderes Gespräch auslagern
- ☐ Thematisch sauber bleiben, d.h. aktuelle projektrelevante Themen fördern
- ☐ Konzentration auf Hebelthemen, Details auslagern
- ☐ Dem Team und sich selbst einen unangenehmen Status des Projekts rechtzeitig zumuten, optimistische Grundhaltung beibehalten
- ☐ Außergewöhnliche Teamleistungen würdigen bzw. Enttäuschungen zum Ausdruck bringen – dadurch Authentizität im Team fördern
- ☐ Alle 6 bis 8 Wochen die Stimmung im Team erheben (z.B. Stimmungsbarometer, Teamuhr, Ampelstatus Motivation im Projekt, Zufriedenheitsmatrix)
- ☐ Projektkultur pflegen (Running Gags, Projektgeschichten, Rituale)
- ☐ Projektregeln aus Kickpoint 2 ● Startevent sichtbar platzieren und sich bei Bedarf darauf beziehen
- ☐ Immer ein Status-Ergebnis erzielen und nächste Schritte im Action Item Log fixieren (Jedes Action Item erhält einen Verantwortlichen aus dem Team und ein Fristdatum - keine Kalenderwoche!). Auch kein Ergebnis als Ergebnis ansprechen und festhalten
- ☐ Bei virtuellen Meetings: Öfter mit Namen ansprechen, Interaktionen fördern und sich bewusst von jedem einzeln zum Schluss verabschieden
- ☐ Abschlussfrage in die Runde: „Wer möchte noch was sagen?“

3. Nachbereitung

- ☐ Status-Protokoll mit verknüpftem Action Item Log ablegen und Team informieren
- ☐ Projektmanagementpläne aktualisieren (Terminplan, Ressourcenplan, Kostenplan, Risikoliste etc.)
- ☐ Allfällige Folgeabstimmungen mit einzelnen Teammitgliedern durchführen
- ☐ Überleitung des aktuellen Projektstatus ins Reporting für das Management und Vorbereitung auf Kickpoint 5 ● Stakeholder Präsentation

Fallbeispiel - Kickpoint als Standard im Projektmanagement

Im Teammeeting steuert die Projektzelle ihr Projekt auf operativer Ebene. Die Projektzelle stimmt sich zu Projektthemen ab, unterstützt sich gegenseitig und trifft Entscheidungen.

> Ziele:

- Ist-Situation in den Arbeitspaketen und im Projekt ist geklärt
- Informationen über Arbeitspakete wurden ausgetauscht
- Maßnahmen zur Projektsteuerung sind definiert

> Lead: Projektzelle
> Teilnehmer: Projektzelle, CAD-Koordinator und Produktionskoordinator (wenn Eigenfertigung), Site Manager und Sonstige nach Bedarf
> Moderation und Dokumentation: Projektzelle
> Intervall: mind. zweiwöchentlich

Kickpointstory: Die Projektzelle hat sich einen zweiwöchentlichen Serientermin definiert. Im Teammeeting erfolgt ein Austausch zu folgenden Themen:

- Fortschritt im Arbeitspaket – Meilensteinerreichung
- Einhaltung Beschaffungsbudget
- Einhaltung Stundenbudget
- Aktuelle Druckpunkte

Die Projektzelle trifft Entscheidungen basierend auf aufbereiteten Vorschlägen zu aktuellen Themen, sowie Risiken und Chancen. Die Dokumentation erfolgt in Form von Minutes of Meetings, einer ToDo Liste oder anderer Tools. Nach dem Teammeeting hat die Projektzelle einen klaren Blick auf den aktuellen Stand des Projekts. Für die Zellenmitglieder ist klar, was in den nächsten zwei Wochen zu tun ist, wo die Fokusthemen liegen und was im Projekt außerhalb ihrer Workpackages passiert.

Meine Notizen zu diesem Kickpoint

Kickpoint 5 Stakeholder Präsentation

„Wir liegen hinter den Erwartungen unseres Kunden. Und Sebastian hat mich gestern auf cc: gesetzt?“, stellt Gloria nach der zehnminütigen Statuspräsentation von Max trocken fest. Gut vorbereitet und konzentriert vermitteln ihre anschließenden Klärungsfragen Lösungsorientierung statt Begründungszwang. Max weiß, dass hier und jetzt Entscheidungen für sein Projekt getroffen werden: „Wir haben uns im Team Ideen dazu überlegt. Wenn Du möchtest, zeige ich Dir jetzt, was wir vorbereitet haben.“ Gloria lehnt sich entspannt in ihre Sessellehne, wirft Max einen zufriedenen Blick zu und sagt: „Bitte, leg los!“

Um was es geht

In unzähligen Momenten (re-)präsentiert der Projektleiter sein Projekt gegenüber Stakeholdern des Projekts. Überzeugendes Auftreten und zielgruppengerechte Kommunikation sind Voraussetzungen gelungener Präsentationen. Die Art und Weise, wie Inhalte transportiert werden, prägt den weiteren Gesprächs- und Entscheidungsverlauf entscheidend mit. Kunden und andere relevante Einflussgruppen bilden sich in diesen Situationen auf Basis subjektiver Wahrnehmung ihre Meinung über das Projekt und leiten ihre Zufriedenheit ab. Projektleiter transportieren daher nicht nur Fakten.

Ein erprobter *Aufbau einer Stakeholder Präsentation*, um Entscheidungen für das Projekt zu fördern bzw. zu fordern, sieht wie folgt aus:

1. *Thema* ... um was es geht (Projekt, Phase, Arbeitspaket)
2. *Problem* ... was ist jetzt konkret das Anliegen (knackige Problembeschreibung)
3. *Auswirkungen* ... wie sich die Situation auf das Projekt auswirkt (z.B. Verzug, Risiken, Kosten)
4. *Lösungsideen inkl. Bewertung* ... Vorschläge des Projektleiters bzw. Teams mit Kosten-Nutzen Bewertung
5. *Entscheidung* ... Klärung, bis wann mit einer Entscheidung zu rechnen ist (Termin setzen!)

Achtung Kickpoint!

Situationen, die dafürsprechen, ausreichend Zeit in die Vorbereitung einer Präsentation zu investieren:

- Ihr internes Management (Auftraggeber, Lenkungsausschuss etc.) benötigt einen aufschlussreichen Gesamtstatus inkl. Lösungsvorschläge, um der eigenen Verantwortung im Projekt gerecht zu werden.
- Ihre Zielgruppe, z.B. internes Management, vertritt entgegengesetzte Interessen.
- Sie wollen die Kundenzufriedenheit bewusst steuern.
- Aufgrund grober Änderungen hat Ihr Team komplett die Orientierung verloren.
- Sie wissen, von dieser Präsentation der Zwischenergebnisse hängt die kommende Freigabe ab.

- Ein aktuelles Problem benötigt rasch eine Entscheidung.

Typische Schwierigkeiten für Projektleiter

- Für das Projekt stehen Entscheidungen an, *aber* es sitzt die falsche Zielgruppe im Raum.
- Aktuelle Schwierigkeiten sind vielschichtig zu begründen, *aber* die Zeit für Erklärungen ist zu knapp.
- Der Projektleiter fühlt sich dem inhaltlichen und qualitativen Projektfortschritt verbunden, *aber* das Management bewertet tendenziell das Projekt primär nach wirtschaftlichen Kriterien.
- Der Projektleiter hat wenig Zeit für Vorbereitung einer Präsentation, *aber* ein kurzfristiger Informationsbedarf relevanter Stakeholder soll professionell bedient werden.
- Der Projektleiter fühlt sich in Präsentationssituationen unwohl, *aber* mit steigender Komplexität des Projekts nimmt die Notwendigkeit und Häufigkeit dieser Momente zu.
- Der Projektleiter will entsprechend seiner Vorbereitung präsentieren, *aber* eine dominante Persönlichkeit stört den Präsentationsablauf.
- Der Projektleiter will seine Zielgruppe auf den letzten Stand bringen, *aber* dem Publikum fehlt das Grundverständnis und äußerst seinen Wissensbedarf mittels unpassender Kommentare.

Chancen für Projektleiter

- Projektmarketing: Kernbotschaften erreichen die Zielgruppen, d.h. die Einstellungen relevanter Stakeholder zum Projekt werden gezielt im Sinne des Projekterfolges gesteuert.
- Notwendige Entscheidungen für den Projektfortschritt werden durch den Projektleiter initiiert, ermöglicht bzw. vorbereitet.
- Das Projekt wird sichtbar und emotional positiv verankert.

- Der Projektleiter vermittelt einen vertrauensbildenden Eindruck bei Entscheidungsträgern und anderen Stakeholdern.

Checkliste für Umsetzer

1. Vorbereitung

- ☐ Zeit zur Vorbereitung einplanen
- ☐ Stakeholder Analyse als Startpunkt: Identifikation und Analyse aller relevanten Personen bzw. Personengruppen mit Interesse und Einfluss am/aufs Projekt
- ☐ Wichtige Momente in der Kundenbeziehung über den Projektverlauf festlegen. Welche Momente wirken massiv auf den Grad der Kundenzufriedenheit?
- ☐ Vertiefende Analyse des sozialen Netzes zum Kunden durchführen, um die Art der Zielgruppen und ihre Kerninteresse zu erkennen:
    - Business Decision Maker
    - Technical Decision Maker
    - Influencer
    - Implementer
    - User
- ☐ Je besser die Zielgruppe vorbereitet zur Präsentation kommt, desto einfacher wird's
- ☐ Hand-outs mit weiterführenden Details vorbereiten
- ☐ Präsentation vorbereiten: 1. Thema, 2. Ziel, 3. Inhalte, 4. Dramaturgie
- ☐ Zeitvorgabe hilft, um sich selbst auf die wesentlichen Inhalte zu reduzieren
- ☐ Zu starker Medieneinsatz lenkt ab und erhöht das Störungsrisiko
- ☐ Mindestens 1 Probelauf mit Stoppuhr

2. Durchführung

- ☐ Entspannt ankommen

- ☐ Eigene „Bühne“ aufbauen
- ☐ Stehende statt sitzender Position, um Aufmerksamkeit besser steuern zu können
- ☐ Bei Nervosität innere Distanz zur Relativierung der Bedeutung herstellen. Entdramatisieren: Welche Bedeutung hat diese Präsentation, wenn ich mich in 10 Jahren daran zurückerinnere?
- ☐ Bei Online-Meetings: Titelfolie der Präsentation ca. 5 Minuten vor Beginn sichtbar stellen
- ☐ Ersten Eindruck nutzen: Start muss sitzen
- ☐ Überblick geben: Was jetzt kommen wird
- ☐ Fragen dazwischen, oder am Ende
- ☐ Störungen haben immer Vorrang
- ☐ Achte auf: Blick, Stand, Körperspannung, Sprache
- ☐ Zusammenfassung der Kernbotschaften vor Präsentationsende und Überleitung in Diskussion

3. Nachbereitung

- ☐ Ergebnisse dokumentieren und innerhalb einer Frist bestätigen lassen
- ☐ Kritische Selbstreflexion der eigenen Zielerreichung
- ☐ Eventuell Feedback einholen

Fallbeispiel - Kickpoint als Standard im Projektmanagement

Im Statusmeeting berichtet der Projektleiter den Projektstatus an relevante Personen aus dem Operations-Shop und dem Organisations-Shop. Der Projektleiter holt sich im Statusmeeting Support. Es werden gemeinsam notwendige Entscheidungen getroffen.

> Ziele:

- Ist-Situation im Projekt ist geklärt
- Maßnahmen zur Projektsteuerung sind definiert

> Lead: Operations-Shop
> Teilnehmer: Projektleiter, Operations-Shop, Organisations-Shop
> Moderation und Dokumentation: Projektleiter
> Intervall: alle 4 Wochen

Kickpointstory: Der Operations-Shop hat einen Serientermin definiert. Der Projektleiter schickt den ausgefüllten Statusbericht vor dem Meeting zur Vorbereitung an die Teilnehmer des Statusmeetings.

1. Der Projektleiter präsentiert kurz sein Projekt (5 Minuten):
   - Status zu Zeit, Fortschritt und Kosten
   - Top Risiken, Chancen, sowie Maßnahmen
   - Aktuelle Druckpunkte und Lösungsvorschläge - was und wen es zur Lösung braucht
2. Fragen der Teilnehmer
3. Treffen von Entscheidungen
   - Projektleiter, Operations-Shop, Organisations-Shop
   - Die Dokumentation erfolgt direkt im Statusbericht

Nach dem Statusmeeting haben die Teilnehmer einen klaren Blick auf den aktuellen Stand des Projekts und notwendige Entscheidungen wurden getroffen.

Meine Notizen zu diesem Kickpoint

Kickpoint 6 Change- und Claimverhandlung

„Max, eine weitere Verzögerung können wir nicht mehr akzeptieren!“, stellt Sebastian klar. Seine finstere Mimik passt zu seinem schlecht ausgeleuchteten Videobild mit Home-Office Flair im Hintergrund. Er fährt fort: „Ausgemacht ist ausgemacht. Wir müssen auf diesen Meilenstein beharren. Mir droht der Endkunde bereits mit Pönale. Und noch was: den von Dir angemeldeten Mehraufwand sind wir nicht bereit zu akzeptieren.“ Antizipativ war Max auf diese Forderungen seines Kundenprojektleiters vorbereitet: „Ich kann Deine Situation sehr gut nachvollziehen. Sebastian, lass uns die Punkte der Reihe nach besprechen. Zum ersten möchte ich Dich daran erinnern, dass wir noch immer auf eine Designfreigabe Eurer Produktion warten. Bitte mach uns jetzt nicht für diese Verzögerung verantwortlich.“ Sebastian sieht das anders. Die Verhandlung nimmt Fahrt auf.

Um was es geht

Projekte verlaufen selten nach Plan. Das liegt in ihrer Natur. Projektleiter akzeptieren diesen Umstand und betrachten das Managen von Changes und Claims als eine Kernaufgabe. Wenn neue Ansprüche die ursprüngliche Planung und getroffenen Annahmen überholen, werden Entscheidungen nötig, die das Resultat von Aushandlungsprozessen sind. Erfolgreiche Projektleiter sind daher auch geschickte Verhandler – im Sinne des Projekterfolgs. Typische Verhandlungspartner sind: Kunden, Lieferanten, Konsortialpartner, Behörden, interner Projektauftraggeber, Vorgesetzter eines Teammitglieds und auch Teammitglieder.

In der Praxis fordert ein Stakeholder (z.B. Kunde) bei einem Change eine Änderung (mehr/weniger) der vereinbarten Projektziele. Es folgt daraus ein Nachtrag. Die Verhandlung um einen Change dreht sich um Leistung, Qualität, Termine und Kosten – ähnlich einem Zusatzangebot. Häufig lässt sich ein kooperativer Verhandlungsstil (win/win) beobachten.

Bei einem Claim hingegen wird oftmals über bereits erfolgte Leistungen (bzw. auch Nichtleistungen) und dessen Auswirkungen im Nachhinein verhandelt. Es folgt daraus eine Nachforderung. In der Verhandlung um einen Claim geht es um Verursachung, Vertragsauslegung und im Recht sein. Dabei zeigen die Verhandlungspartner oftmals einen konkurrierenden Verhandlungsstil (win/lose).

Der Ablauf eines Verhandlungsgesprächs kann in diesen Phasen erfolgen:

1. Einander kennen lernen, Sympathiefeld schaffen
2. Kommunikationsregeln rechtzeitig beachten
3. Eigene Ziele formulieren
4. Tatsächlicher Verhandlungsbeginn
5. Zielekonflikte rücken ins Zentrum
6. Gegensatz „Wollen“ und „Brauchen“
7. Neubewertung und Kompromiss
8. Übereinstimmung und Einigung

Achtung Kickpoint!

Situationen, bei denen Sie sich auf jeden Fall für Ihre nächste Verhandlung konzentriert vorbereiten sollten:

- Der Liefer- und Leistungsumfang lässt Interpretationsspielräume offen.
- Als Projektleiter verschenken Sie gerne weder Zeit noch Geld.
- Ihr Kunde agiert aggressiv und fordert über dem Maße Zugeständnisse ein.
- Ihr Lieferant hält sich nicht an Fristen und Qualitätsvorgaben.
- Ihr Gewerk liegt im letzten Drittel der Gesamtausführung.
- In Ihrem Vertrag droht eine Pönalregelung.
- Ihr Projekt leidet unter einem Aufmerksamkeitsdefizit, weil Krisenprojekte im Vordergrund stehen.
- Sie verhandeln nicht gerne.

Typische Schwierigkeiten für Projektleiter

- Verhandlungsprofis zeichnet ein spielerischer Zugang in Verhandlungen aus, *aber* als Projektleiter kann die Gesamtverantwortung für das Projekt als reale Last stark spürbar sein.
- Der Erfolg einer Claim Verhandlung hängt auch von einer lückenlosen Dokumentation ab, *aber* der Projektalltag lässt selten eine durchgehende Dokumentation zu, da die Umsetzung im Vordergrund steht.
- Verhandlungen erfordern für manche (entscheidenden) Momente ein hohes Maß an Durchsetzungsvermögen, *aber* bedingt durch die eigene Persönlichkeit steht dem eventuell ein ausgeprägtes Harmoniebedürfnis in sozialen Situationen entgegen.
- Verhandlungsinhalte sind stark mit juristischen und betriebswirtschaftlichen Details vernetzt, *aber* oftmals fehlt dem Projektleiter notwendiges Wissen oder auch Interesse daran.
- Claim Management kann als Zielvorgabe zur Ergebnisverbesserung gelten, *aber* die Erreichung einer hohen Zufriedenheit des Kunden steht außer Zweifel.
- Eine agile Kultur erwartet eine positive Grundhaltung gegenüber Änderungen („Embrace the change“), *aber* für ein konzentriertes Vorwärtskommen ist ein Mindestmaß an Stabilität und Ruhe im Team eine Notwendigkeit.

Chancen für Projektleiter

- Die Zeit- und Kostenpläne können gehalten bzw. verbessert werden.
- Durch proaktives Mitgestalten von Änderungen können Entscheidungen im Sinne des Projekts mitgesteuert werden.
- Erfolgreiche Verhandlungen wirken motivierend, da man sich als durchsetzungsstark erlebt.
- Erfolgreiche Verhandlungen steigern in der Wahrnehmung bei Stakeholdern und dem Team die eigene natürliche Autorität.
- Kunde und Lieferanten werden getrieben, anstatt selbst zum Getriebenen zu werden.

Checkliste für Umsetzer

1. Vorbereitung

- ☐ Vertrag und Leistungsumfang sehr gut kennen und hinsichtlich Risiken und Chancen interpretieren können
- ☐ Identifizierte Changes bzw. Claims kalkulieren und Konsequenzen mittels Projektplänen aufzeigen. Ein aktueller Terminplan mit eingetragenen Vorleistungen offenbart zeitliche Auswirkungen von Änderungen und liefert Kernargumente für die Verhandlung
- ☐ Gegenrechnungen („Mehr-Minder-Liste“) berücksichtigen
- ☐ Richtige Verhandlungspartner mit entsprechenden Entscheidungskompetenzen einfordern
- ☐ Eigene Alternativen kennen, Verhandlungslimits festlegen
- ☐ Unterstützung durch Team anfordern, Experten einbinden
- ☐ Prüfen, ob Verhandlungsteam Vorteile bringt
- ☐ Direktes Bezugnehmen auf dokumentierte Details dosiert einsetzen
- ☐ Sich auf die Persönlichkeit des Gegenübers gut einstellen
- ☐ Verhandlungsstrategie (bei Bedarf mit internem Auftraggeber) vorbereiten
- ☐ Aktive Rolle in der Organisation des Meetings/der Verhandlung übernehmen

2. Durchführung

- ☐ Verhandlungsprotokoll live via Beamer/Desktopsharing nur bei einfachen Verhandlungen selbst mitführen
- ☐ Geteilte Sichtweise der Ausgangssituation herstellen: Ist-Situation und Zielsetzungen
- ☐ Wertschätzende Grundhaltung einnehmen: Person von Problem trennen – der andere und ich sind „nur“ Repräsentanten und Rollenträger
- ☐ Klar in der Sache, fair zum Menschen
- ☐ Opferhaltung und Rechtfertigungen vermeiden
- ☐ Innere Distanz hilft den Überblick und die Konzentration zu bewahren
- ☐ Über offene Fragestellungen Führung im Gespräch mittels aktiven Zuhörens übernehmen und Informationen sammeln
- ☐ Auf konkretem Thema fokussiert bleiben, andernfalls Beziehung prüfen
- ☐ Manipulationsversuche erkennen und ansprechen
- ☐ Auf unangebrachte Forderungen mit der Frageformel - „Wo steht das?“ oder „Wer sagt das?“ - Klarheit einfordern
- ☐ Auf Angriffe bzw. Untergriffe mit der Frageformel - „Wie meinen Sie das?“ - reagieren
- ☐ Eigenes „Minimalziel“ muss klar sein und darf nicht unterschritten werden (rechtzeitiger Rückzug)
- ☐ Mittels aktiven Zuhörens, Zugeständnisse des Verhandlungspartners zusammenfassen und absichern
- ☐ Termine setzen (nicht setzen lassen!)
- ☐ Ergebnisse zusammenfassen, letzte Unterschiede in der Auffassung klären bzw. festhalten

3. Nachbereitung

- ☐ Verhandlungsprotokoll zeitnah versenden, bzw. zeitnah Einsprüche geltend machen
- ☐ Ergebnisse und Konsequenzen unmittelbar an Betroffene kommunizieren
- ☐ Verhandlungserfolge sichtbar machen: Mit dem Team in Kickpoint 4 ● Teammeeting teilen und in Kickpoint 5 ● Stakeholder Präsentation das Management informieren

Fallbeispiel - Kickpoint als Standard im Projektmanagement[6]

In der Claimverhandlung werden kunden- und lieferantenseitige Forderungen und Gegenforderungen behandelt.

Kundenseite:

- Forderungen an den Kunden sind Change Order Requests (COR) und werden möglichst mit Purchase Orders (PO) finalisiert
- Forderungen vom Kunden sind Claims und sollten abgewehrt werden

Lieferantenseite:

- Forderungen an Lieferanten werden durchgesetzt
- Forderungen von Lieferanten werden abgewehrt

> Ziel:

- Zeitnahe Klarheit zur Kosten- und Erlössituation ist gegeben

> Lead: Projektleiter oder Teammitglied

Die Behandlung von Claims erfolgt zeitnah (max. 1 Woche) nach Bekanntwerden.

---

[6] Im Zuge des Kickpoint Reality Checks fiel dieser Kickpoint aus dem Standard raus, bleibt jedoch hier als Praxisbeispiel in der ursprünglichen Version dem Leser erhalten.

Kickpointstory: Beispielhaftes Vorgehen bei Verhandlung mit Kundenseite

Der Designer wünscht sich im Zuge eines Designmeetings zusätzliche Schubladen in einem Schrank. Die Abweichung zum vertraglich definierten Scope wird unmittelbar vom Projektteam erkannt. Es wird zeitnah auf mögliche Zusatzkosten hingewiesen und mit dem Kunden (Werft) abgestimmt, ob für diese Änderung ein COR gelegt werden soll. Falls nicht, wird die Änderung nicht weiterverfolgt oder es werden andere Kompensationsmaßnahmen mit dem Kunden abgestimmt. Wenn ja, wird vom Projektleiter ein COR erstellt und an den Kunden übermittelt. Der Status der gelegten CORs wird vom Projektleiter laufend überwacht. Der Kunde bestätigt den COR mit einer PO. Danach werden die Budgets entsprechend angepasst, die Realisierung der zusätzlichen Schubladen wird veranlasst und es erfolgt die Verrechnung an den Kunden.

Kickpointstory: Beispielhaftes Vorgehen bei Verhandlung mit Lieferanten

Eine Montagefirma stellt eine Forderung für angefallene Regiestunden im Zuge der Deckenmontage. Der Projektleiter prüft mit dem Site Manager ob diese Leistung

- tatsächlich erbracht wurde
- durch den Site Manager oder das Projektteam beauftragt wurde
- im ursprünglichen Leistungsumfang enthalten war
- der Höhe nach gerechtfertigt ist

Sollten alle Punkte zutreffen, wird die Forderung bestätigt. Sollte einer der ersten drei Punkte nicht zutreffen, wird die Forderung zurückgewiesen. Sollte nur der vierte Punkt nicht zutreffen, wird die Höhe der Forderung mit der Montagefirma zeitnah verhandelt und abgerechnet.

Meine Notizen zu diesem Kickpoint

Kickpoint 7 Feedbackgespräch

Vincent bekomme ich nicht in den Griff, denkt Max in einem ruhigen Moment nach dem Teammeeting und setzt seine Gedanken fort: Heute verspätete er sich unangekündigt zum Meeting, schien abermals schlecht vorbereitet und verhält sich mir gegenüber ausweichend. Sein Verhalten spiegelt sich bereits in der Projektarbeit wider. Von mir rückgemeldete Fehler wurden von ihm noch immer nicht korrigiert. Max greift zum Telefon: „Hallo Vincent, wann hast Du diese Woche Zeit für ein Gespräch? Mir liegt da etwas im Magen, und das möchte ich mit Dir klären."

Um was es geht

„Dieses Verhalten ärgert mich total!", flucht der Projektleiter leise in sich hinein. Ansprechen oder Schweigen? „Das haben die wirklich gut hinbekommen!" freut sich der Projektleiter. Ansprechen oder Schweigen? Ansprechen! Aber wie? Das Führen eines Feedbackgesprächs klingt leichter als es tatsächlich ist. Was sage ich konkret und in welcher Reihenfolge? Welcher Moment scheint der passende zu sein? Und wie viel Emotion lasse ich zu bzw. welche Gefühle löst das Gespräch auf der anderen Seite aus?

Im Projektverlauf gibt es anlassbezogene und eingeplante Feedbackschleifen (z.B. Sprint-Reviews, Retrospektiven, Teammeetings, Statusmeetings, Feedbackgespräch mit Teammitglied zum Projektabschluss, Abschlussgespräch mit Kunden und internen Projektauftraggeber). Als Zielgruppe für potenzielle Feedbackgespräche sind alle relevanten Stakeholder in Betracht zu ziehen.

Erfolgt der Aufbau nach diesen 4 W's[7], gelingen Gespräche, die positive oder negative Kritik zum Inhalte haben, besser:

1. Wahrnehmung
2. Wirkung
3. Werte
4. Wunsch

Zu den 4 W's finden sich konkrete Handlungshinweise im Abschnitt *Checkliste für Umsetzer*.

Achtung Kickpoint!

Situationen, die dafürsprechen, ein Feedbackgespräch vorzubereiten:

- In den Kickpoints 1 bis 6 erlebtes destruktives Verhalten des Gesprächspartners gibt Anlass dazu.
- Ein Stakeholder hält sich nicht an vereinbarte Regeln.
- Der Lieferant hält seine Zusage nicht ein.
- Vereinbarte Beistellungen des Kunden bleiben aus.
- Das Verhalten eines Teammitglieds stimmt mit Wertvorstellungen der Unternehmenskultur bzw. Projektkultur nicht überein.

---

[7] In Anlehnung an das Modell der Gewaltfreien Kommunikation (www. https://www.cnvc.org)

- Das interne Management, vor allem der interne Projektauftraggeber, zeigt zu wenig Bereitschaft das Projekt bei Bedarf zu unterstützen.
- Eine andere Abteilung bucht Stunden auf das Projektkonto.
- Ein Teammitglied wird plötzlich aus dem Projekt abberufen.
- Ein Teammitglied liefert nicht die angekündigten Arbeitsergebnisse.

Typische Schwierigkeiten für Projektleiter

- Der Projektleiter pflegt einen mitarbeiterorientierten Führungsstil, *aber* Feedbackgespräche bringen Klarheit, um in der Sache weiterzukommen.
- Der Projektleiter pflegt einen sachlich orientierten Führungsstil, *aber* Feedbackgespräche setzen Empathie und Interesse am Gegenüber voraus, um die Beziehungsebene zu stärken.
- Die Personen verbindet freundschaftliche Beziehung, *aber* die berufliche Rollenerwartung kann dem entgegenstehen.
- Vorfälle sollten angesprochen werden, *aber* der Projektleiter befürchtet eine demotivierende Wirkung (Leistungsabfall) durch das Feedbackgespräch.
- Der Projektleiter sieht sich inhaltlich im Recht, aber der ältere Experte mit langjähriger Erfahrung („alter Hase“) beharrt auf seinen Überzeugungen.
- Zum eigenen Unternehmen kann ein starkes Gefühl der Verbundenheit („WIR“) bestehen, *aber* ein bestimmendes Ansprechen von Fehlleistungen setzt auch einen Grad an Unabhängigkeit („ICH)“ voraus.
- Durch das Ignorieren von „Kleinigkeiten“ will sich der Projektleiter nicht vom Tagesgeschäft ablenken, *aber* je mehr sich ansammelt und Zeit verstreicht, desto mühsamer werden Feedbackgespräche.

- Der Projektleiter würde gerne loben, *aber* er selbst erfuhr bislang viel zu selten Anerkennung für seine Leistungen („Nicht getadelt ist gelobt genug.“).

Chancen für Projektleiter

- Eine Feedbackkultur entwickelt sich im Projekt primär durch die Vorbildwirkung des Projektleiters.
- Zeitnah geführte Feedbackgespräche verhindern Störungen auf der Beziehungsebene.
- Emotionale Belastungen werden vermieden und Energien für das Projekt wieder freigesetzt.
- Feedbackgespräche sind als Führungsinstrument in alle Richtungen (horizontal und vertikal) einsetzbar.
- Junge bzw. neue Mitarbeiter zeigen ein verstärktes Bedürfnis an Feedback und erwarten sich regelmäßige Rückmeldungen zu ihren Leistungen.
- Feedbackgespräche werden als Bewältigungsstrategie in der Teamentwicklungsphase Storming eingesetzt.

Checkliste für Umsetzer

1. Vorbereitung

- ☐ Dem eigenen Gefühl nachgehen, hinausschieben vermeiden und zeitnah in Angriff nehmen
- ☐ Konkrete Beobachtungen des negativen bzw. positiven Verhaltens dokumentieren
- ☐ Sich selbst und die andere Person richtig einschätzen
- ☐ Gesprächsstrategie und -stil an Reifegrad und Position der Person anpassen
- ☐ Wertschätzende Grundhaltung gegenüber dem Gesprächspartner einnehmen
- ☐ Mit einem neutralen Sparringpartner das Feedbackgespräch proben

- ☐ Passenden Rahmen für Gespräch organisieren (Ruhe, 4-Augen, mit etwas Vorlaufzeit)

2. Durchführung

- ☐ Bezugnehmen auf konkret beobachtete Situationen und Verhalten (1. W = Wahrnehmung)
- ☐ Auf Vereinbarungen Bezug nehmen, z.B. Spielregeln aus Kickpoint 2 ● Startevent, Action-Item-Logs, Protokolle, Ergebnis des letzten Feedbackgesprächs
- ☐ Bei der Formulierung auf „Ich-Botschaften“ achten
- ☐ Auswirkungen auf mich, das Projekt und weitere Abhängigkeiten ansprechen (2. W = Wirkung)
- ☐ Über eigene Werthaltungen informieren (3. W = Werte)
- ☐ Die eigenen Erwartungen klar zum Ausdruck bringen (4. W = Wunsch)
- ☐ Kurze Sätze, einfache Sprache verwenden
- ☐ Nichts fordern, was ich selbst nicht vorleben kann
- ☐ Rechtfertigungen des anderen hören und unkommentiert stehen lassen
- ☐ Emotionale Betroffenheit des Gegenübers aushalten, Kommentare und Bewertungen vermeiden
- ☐ Ablenkungsmanöver erkennen und abgrenzen
- ☐ Bei Bedarf, die eigene Erwartungshaltung wiederholen (4. W = Wunsch)
- ☐ Mit geschlossenen Fragen eine Vereinbarung fordern und konkrete Vorgehensweise beschließen („Werden Sie das ab sofort so machen?“)

3. Nachbereitung

- ☐ Verhalten im Projektalltag beobachten

- ☐ Positive Verhaltensänderung rückmelden, um das Verhalten zu verstärken (Kickpoint 7 ● Feedbackgespräch)
- ☐ Bei Bedarf zu einem Wiederholungsgespräch einladen (Kickpoint 7 ● Feedbackgespräch)

Fallbeispiel - Kickpoint als Standard im Projektmanagement

Im Feedbackgespräch bespricht die Projektzelle die Erfüllung von gegenseitigen Erwartungen in der Zusammenarbeit im Projekt.

> Ziele:

- Lob und Anerkennung für erbrachte Leistungen sind ausgesprochen
- Verbesserungspotentiale wurden erkannt und Entwicklungsmaßnahmen definiert

> Lead: Projektzelle
> Teilnehmer: Projektzelle
> Moderation und Dokumentation: Projektzelle
> Intervall: bei Bedarf, jedoch mindestens einmal im Zuge des Projektabschlusses

Kickpointstory: Neben den anlassbezogenen laufenden Feedbackgespräch in der Projektzelle schreibt die Projektzelle ein formelles Feedbackgespräch (KP6) aus. Im Gespräch geben sich die Mitglieder Feedback zu

- Ihren Leistungen bei der Abarbeitung der von ihnen verantworteten Arbeitspakete
- Ihrem Umgang mit Kunden, Designer und Lieferanten
- Anderen Themenkreisen

Dabei orientieren sie sich an den Feedbackregeln (konkret, Ich-Form, konstruktiv, keine Verallgemeinerung, beschreibend nicht bewertend). Die Mitglieder der Projektzelle reflektieren ihre Arbeit im Projekt, sagen was gut gelaufen ist, und was sie wieder so machen würde, und wie sie bei zukünftigen Projekten anders agieren möchten. Nach dem Gespräch haben die Teilnehmer ein klareres Bild wie sie innerhalb des Teams gesehen werden (Abgleich von Selbst- mit Fremdbild) und wissen an welchen Themen sie sich zukünftig weiterentwickeln sollten.

Meine Notizen zu diesem Kickpoint

Kickpoint 8 Lessons Learned Workshop

Peter eröffnet kurz vor 17 Uhr die Abschlussrunde des Lessons Learned Workshops: „Danke ans Team für die rasche Integration." Emma übernimmt und versucht ihre persönlichen Gedanken zum Projekt in einem Satz zusammenzufassen: „Egal wie die Ampel im Projekt stand, die Stimmung im Teammeeting war immer konstruktiv und wertschätzend." Vincent nickt zustimmend, blickt zu Max und ergänzt: „Und unglaublich, wie wichtig es ist, Missverständnisse frühzeitig aus dem Weg zu räumen." Max lächelt und fasst zusammen: „Ich denke, wir hatten einen großartigen Start und Sebastians positives Feedback am Ende zu unserem Projekt hat mich in diesem Ausmaß überrascht." Gloria hält kurz inne und schließt ab: „Vielen Dank für Euren Einsatz. Wir können mit den Ergebnissen sehr zufrieden sein. Erkenntnisse aus dem heutigen Tag, die an mich gerichtet sind, werden ich in zukünftige Angebote einfließen lassen. Wir wollen und können es uns nicht leisten, unseren Erfahrungen zu ignorieren! Unser nächstes Projekt steht bereits in den Startlöchern. Max, wann hast Du diese Woche Zeit für das Auftragsklärungsgespräch?"

Um was es geht

In Projekten passiert Positives und Negatives - für Stakeholder, das projektführende Unternehmen, das Team und den Projektleiter. Wie intelligent Organisationen sind, zeigt sich an ihrer Fähigkeit aus Erfahrungen zu lernen. Damit Projekte aus ihrer eigenen Geschichte lernen, sind positive Fehlerkultur und Freiwilligkeit Voraussetzung. So wird eine Rückführung der Lessons Learned in die Organisation erst möglich. Der Projektleitung kommt hier eine zentrale Rolle zu, da Lernen durch selbstkritische Reflexion nur von innen heraus funktionieren kann.

Ein **Lessons Learned Workshop** kann wie folgt ablaufen:

1. Projektstatus- bzw. -abschlussbericht: wird präsentiert vom Projektleiter
2. Highlights und Lowlights im Projektverlauf: werden gesammelt durch das Projektteam
3. Kundenfeedback: idealerweise live durch Kundenvertreter
4. Konsequenzen- und Ursachenanalyse: erfolgt durch das Projektteam
5. Learnings und Maßnahmen: abgeleitet durch das Projektteam
6. Präsentation der Learnings und Maßnahmen an internen Projektauftraggeber

Achtung Kickpoint!

Situationen, die für Lessons Learned Workshops sprechen:

- Im Projekt werden zum zweiten Mal die gleichen Fehler gemacht.
- Starke negative Signale aus dem Projektumfeld stimmen nachdenklich.
- Ein Krisenprojekt wurde soeben beendet.
- Ein sehr erfolgreiches Projekt befindet sich in der Abschlussphase.
- Das Unternehmen will wissen, was es in Projekten alles richtig macht.
- Die Ursachen von Fehlleistungen wollen gefunden werden.

- Die Kunden- bzw. Lieferantenbeziehung soll gestärkt werden.
- Sie wollen als Projektleiter und Projektteam besser werden.

Typische Schwierigkeiten für Projektleiter

- Lessons Learned sind im Projektmanagementprozess verpflichtend durchzuführen, *aber* wahres Lernen basiert auf Freiwilligkeit und Überzeugung.
- In der Vergangenheit wurden Lessons Learned aus Projekten gewonnen und dokumentiert, *aber* die Verwertung in anderen Projekten verlief enttäuschend.
- Ursachenanalysen sollen Fehler zukünftig vermeiden, *aber* das Eingestehen von Fehlern fällt nicht immer leicht.
- Lessons Learned verfolgt den Anspruch auf Veränderung, *aber* Organisationen zeichnen sich durch eine natürliche Veränderungsträgheit (Homöostase) aus.
- Unternehmen können aus Projekten nachhaltige Verbesserungsinitiativen ableiten, *aber* das Projekt und seine Mitglieder selbst ziehen keinen unmittelbaren Vorteil mehr daraus („Das Projekt ist ja eh schon abgeschlossen!“).

Chancen für Projektleiter

- Frustration durch wiederkehrende Fehlerbehebungen des immer gleichen Problems wird verhindert.
- Die Wirksamkeit (Effektivität und Effizienz) im nächsten Projekt wird gesteigert.
- Eine motivationsfördernden Fehlerkultur durch regelmäßige Lessons Learned wird gefördert.
- Durch Vernetzung von Wissen und Erfahrung im Projekt steigert sich dessen kollektive Intelligenz.
- Horizontales Lernen, d.h. Optimierung der Projektprozesse, wird angestoßen.

- Vertikales Lernen, d.h. bisherige Projektprozesse werden radikal in Frage gestellt und auf ein höheres Niveau gehoben, kann ermöglicht werden.
- Den Beteiligten offenbaren sich Potentiale zur persönlichen Weiterentwicklung.
- Emotionen können im Projekt, wo sie hingehören, zurücklassen werden, und persönliche Projektgeschichten werden abgeschlossen.
- Als Führungskraft des Projekts hinterlässt der Projektleiter einen letzten Eindruck beim Team.
- Durch Einbindung des Kunden und/oder Lieferanten kann die Beziehung gestärkt und Folgeaufträge initiiert werden.

Checkliste für Umsetzer

1. Vorbereitung

- ☐ Lernen in Häppchen: Im Projektverlauf immer wieder Learning Nuggets einsammeln, wie z.B. in Form von Retrospektiven, Prozessreflexionen oder in Teammeetings
- ☐ Absolvierte Meilensteine eignen sich gut für eine gemeinsame Reflexion des Erreichten und Erlebten
- ☐ Bereitschaft zur kritischen Reflexion als Werthaltung im Kickpoint 2 ● Start-Event dem Team vermitteln und als Erwartung formulieren
- ☐ Lessons Learned Workshop(s) rechtzeitig im Terminplan berücksichtigen
- ☐ Relevanten Stakeholder (z.B. Kunden-Projektleiter, Lieferantenvertreter, interner Projektauftraggeber für einen Abschnitt im Workshop einladen, um Feedback einzuholen
- ☐ Ein Lessons Learned Workshop benötigt ein maßgeschneidertes Workshop-Design
- ☐ Methoden für Retrospektiven aus dem agilen Projektmanagement als Anregung nutzen

- ☐ Fokusthemen vorab vom Team einholen
- ☐ Bei negativ emotional aufgeladenen Projektteams Anspruch an Workshop-Ziele anpassen
- ☐ Abwägen, ob Moderation durch projektneutrale Person (Qualitätsmanagement, externer Projektmanagementprofi) von Vorteil ist

2. Durchführung

- ☐ Schuldzuweisungen gelten als absolutes NO-GO, bei Bedarf Regeln festlegen
- ☐ Hohen Grad an Interaktivität sicherstellen
- ☐ Persönliche Konflikte aus dem Workshop herausrausziehen und gesondert in vertraulicher Atmosphäre behandeln
- ☐ Vieles geschieht unsichtbar, d.h. Achtung vor zu massivem Kommentieren, Analysieren und Dokumentieren
- ☐ Verschiedene Lernebenen berücksichtigen: 1. Person, 2. Projekt, 3. Unternehmen
- ☐ Feedback von Stakeholdern, z.B. Kundenvertreter, live im Workshop einholen
- ☐ Möglichkeit für Anerkennung nutzen, z.B. Feedbackmarkt
- ☐ Workshop-Ergebnisse den 3 Lernebenen zuordnen und in Aufgabenliste (WER, WAS, WANN) dokumentieren
- ☐ Abschließend vor Ende des Workshops die Ergebnisse an internen Projektauftraggeber präsentieren, um Überleitung der Lessons Learned in die Organisation zu initiieren

3. Nachbereitung

- ☐ Dokumentation der Workshop-Ergebnisse
- ☐ Verwertung der Ergebnisse für Projektstatus- bzw. -abschlussbericht, Projektdatenbank und Projektmarketing (z.B. Intranet, Blog)
- ☐ Persönliche Learnings aus dem Workshop mit seinem Coach besprechen

- ☐ Nachbesprechung mit internen Projektauftraggeber, um Überleitung der Learnings in konkrete Organisationeinheiten und nächsten Kickpoint 1 ● Auftragsklärungsgespräch sicherzustellen

Fallbeispiel - Kickpoint als Standard im Projektmanagement

Im Lessons Learned Workshop dokumentiert die Projektzelle ihre Erfahrungen aus dem Projekt. Diese werden im Zuge des Workshops mit Unterstützung durch den Operations-Shop in ToDo´s umgewandelt.

> Ziel:

- Learnings aus dem Projekt sind dokumentiert und in der Organisation verteilt

> Lead: Projektzelle
> Teilnehmer: Projektzelle, Site Manager, Verkauf, Operations-Shop, Produktionskoordinatoren, CAD-Koordinatoren
> Moderation und Dokumentation: Operations-Shop
> Intervall: bei Bedarf jedoch mindestens einmal im Zuge des Projektabschlusses

Kickpointstory: Die Projektzelle sammelt Erfahrungen aus dem Projekt. Dabei holt sie auch den Input von allen relevanten projektbeteiligten Parteien ein (z.B. Site Manager, Verkauf, ...). Die Dokumentation erfolgt in einer Lessons Learned Liste mit Zuordnung zu den jeweiligen Arbeitspaketen und Lösungsvorschlägen zum zukünftigen Umgang mit diesen Themen. Danach schreibt die Projektzelle ein Meeting aus, bei dem gemeinsam mit dem Operations-Shop Maßnahmen zu den einzelnen Punkten definiert werden. Diese Dokumentation bildet die Basis für die Lessons Learned Betrachtung im Startevent (KP2).

Meine Notizen zu diesem Kickpoint

4. Zwölf Appelle und ein Tipp

„Das gute Gelingen ist zwar nichts Kleines, fängt aber mit Kleinigkeiten an.“
Sokrates, griechischer Philosoph

1. Betrachte Projekte als Kommunikationssysteme, d.h. definiere ihre Elemente als Kommunikationen!

Jeder Kickpoint ist ein Kommunikationsmoment (Meeting, Verhandlung, Gespräch, Präsentation, Workshop). Personen spielen dabei als Träger von Kommunikationen eine wichtige Rolle. Der Projektleiter nutzt seine zentrale Position, um im Projekt durch zielgerichtete Kommunikation (schriftlich, mündlich, formell und informell) zu intervenieren.

2. Erkenne die Primärcodes Deiner relevanten Projektumwelten und nutze dieses Wissen in der Kommunikation!

Jedes Unternehmen lässt sich einem gesellschaftlichen Teilsystem zuordnen, das seinem inneren Primärcode folgt, an dem sich Kommunikations-, Entscheidungs- und Handlungsprozesse ausrichten[8]: Unternehmen im Gesundheitswesen orientieren sich primär an der Unterscheidung gesund/krank. Wissenschaftliche Institute hingegen verstehen die Unterscheidung wahr/falsch als relevantes Kriterium. Das Bewusstsein politischer Parteien reflektiert hingegen entlang der Frage Macht oder nicht Macht. Unternehmen in der Kulturbranche folgen sehr stark der Logik Kunst/nicht Kunst. Und rein wirtschaftliche Profit-Unternehmen agieren in letzter Konsequenz nach dem Prinzip Geld/nicht Geld. Selbstverständlich sind wirtschaftliche Überlegungen in allen Teilsystemen (zumindest offiziell) von Bedeutung. Beispielsweise vereint ein Unternehmen der Pharmaindustrie mehrere Teilsysteme in sich: Wirtschaft, Gesundheit und Wissenschaft. Wie gut passen

---

[8] vgl. Willke Helmut, Systemtheorie II: Interventionstheorie: Grundzüge einer Theorie der Intervention in komplexe Systeme, 2005

also die eigenen Argumente tatsächlich in die kommunikativen „Hauptleitungen", um am anderen Ende einen Impuls auszulösen?

3. Nimm Deine Stakeholder ernst!

Hier gilt es zwei Aspekte zu beleuchten. Erstens, ein Projektleiter, der seine Stakeholder nicht „liest", rennt im schlimmsten Fall ins offene Feuer. Wer sich für seine Stakeholder interessiert, versucht ihre Motive zu verstehen. Dieses Wissen ist die notwendige Voraussetzung für gelungene Kommunikation, die koppeln kann (siehe vorigen Appell). Der 2. Aspekt bezieht sich auf die Aufrechterhaltung einer gekoppelten Beziehung zwischen Projektleiter und Stakeholder. Hierbei gilt der Grundsatz, den anderen beim Wort zu nehmen. Sollte beispielsweise der interne Projektauftraggeber einer Rückmeldung zu einem bestimmten Vorschlag bis Donnerstag zugestimmt haben (der Projektleiter hat ihm einen Termin gesetzt!), muss am Freitagvormittag ein Nachfassen erfolgen. Andernfalls fördert der Projektleiter eine Kultur, in der man sich nicht ernst nimmt. Das mag auf den ersten Blick übertrieben wirken, aber falsche Zurückhaltung hat seinen Preis im Verlust von Glaubwürdigkeit.

4. Stelle viele Fragen und erkenne, um was es eigentlich geht!

Um was geht es eigentlich in einer Gesprächssituation? Kämpft der Kollege aus der Rechtsabteilung darum, Recht zu haben, ist für den Bauleiter die Ausführungsqualität entscheidend. Dem Kundenprojektleiter ist möglicherweise in letzter Konsequenz der Fertigstellungtermin wichtiger als die Einhaltung der Plankosten. Und ein Teammitglied wirkt passiv, weil es sich nicht ausreichend gewürdigt fühlt. Die zentrale Fragestellung lautet also: Was will der andere wirklich im Moment? Manchmal lässt sich die Antwort treffsicher aus der Rolle ableiten, wie z.B. Projektkaufmann oder Qualitätsmanager. Kniffliger ist es bei mehrdeutigen Rollen, wie z.B. Teammitglieder, internes Management oder Kundenprojektleiter. Um den Motiven ihrer Gesprächsinhalte auf die Schliche zu kommen, bedarf es Interesse am Gegenüber und den Einsatz offener Fragen.

5. Argumentiere und priorisiere mit dem magischen Dreieck!

Die Tatsache, dass Qualitäts-, Zeit- und Kostenziele in einer Wechselwirkung stehen, ist im Projektmanagement als magisches Dreieck (tripple constraints) allseits bekannt. Nutze daraus ableitbare Zielkonflikte zur Untermauerung Deiner Argumente und fordere bei Deinen Entscheidern im Bedarfsfall Prioritäten ein. Denn möglicherweise haben sich die Dinge geändert und was ist jetzt wichtiger: der nächste Meilensteintermin, die Erfüllung aller zugesagten Anforderungen oder doch das Budget?

6. Denke und kommuniziere verstärkt in Zielen statt in Aufgaben!

Ein Projekt ist eine überdimensionale to-do-Liste. Fortlaufend liefern Projektbeteiligte Aufgaben. Manifestiert sich eine zu starke „to-do-Kultur“, können Ziele in Vergessenheit geraten und falsche Wege werden eingeschlagen. „Warum machen wir das jetzt?“ und „Was ist das beabsichtigte Ergebnis?“. Im Projekt erzielte Ergebnisse sollen für den Kunden (intern/extern) einen Mehrwert liefern. Diesen Mehrwert gilt es im Projekt regelmäßig mit den Beteiligten zu erkennen. Daraus gilt der Grundsatz: Zuerst in Zielen denken, im nächsten Schritt die Aufgaben davon ableiten. Ziele werden dabei als Zustände kommuniziert. Sprache ist der Ausgangspunkt menschlichen Handelns und schafft in der Folge Fakten.

7. Nutze die Startphase!

Die ersten drei Kickpoints liegen in der Startphase des Projekts. Hier lässt sich eine Analogie zum Slalomrennläufer ziehen. Die ersten Tore sind wichtig, um den Rhythmus zu finden. Passieren Fehler bereits im oberen Abschnitt, ist die verlorene Zeit nur schwer wieder aufzuholen. Mit der Länge des Rennens lassen auch die Kräfte nach und der eisige, steile Zielhang (Inbetriebnahme, Go-Live, Abnahme) kommt unausweichlich als Schlusspassage.

8. Bereite für Dein Projekt notwendige Informations- und Kommunikationskanäle rechtzeitig vor!

Anwendungen wie Microsoft Teams können die gesamte Projektinformation, -kommunikation und -dokumentation zentral in einer Online-Umgebung einbetten. Diesen Raum zu schaffen und mit der Offline-Welt geschickt zu verknüpfen, bietet dem Projektleiter die Chance die Bahnen des Kommunikationsflusses in seinem Sinne zu gestalten. Nur das sollte frühzeitig in der Projektstartphase geschehen, weil es in einem laufenden Projekt oft mühsam ist, bereits wildgewachsene Kanäle umzuleiten bzw. durch neue zu ersetzen.

9. Versuche bei jeder Gelegenheit Termine zu setzen!

In Projekten dreht sich viel um Termine. Freud und Leid hängen unmittelbar an der Erreichung von Fristen. Entspannung und Druck korreliert mit dem Terminstatus im Projekt. Wer den Takt vorgibt, treibt, anstatt getrieben zu werden. Das gelingt dann, wenn die eigenen Anliegen und Forderungen mit Terminen fixiert werden. Wobei hier wesentlich ist, einen für sich vorteilhaften Termin einmal vorzuschlagen. Anzuwenden gilt es diese Vorgehensweise für jede noch so kleine Vereinbarung am Telefon, per Mail oder in Meetings. Erst dadurch schafft sich der Projektleiter permanente Möglichkeiten zu urgieren. Das klingt mühsam und ist es auch. Nur wie lautet die Alternative? Reagieren statt agieren?

10. Das Team trägt das Projekt!

Wer verrichtet den Löwenanteil an Arbeit im Projekt? Das Team kann nicht oft genug in den Vordergrund der Aufmerksamkeit rücken. Zu Beginn entwickelt der Projektleiter eine Vorstellung seines „Dream Teams“, um bei der Zusammenstellung des Teams seine Forderungen klar zu formulieren. Für das tatsächlich verfügbare Team gilt es den Reifegrad abzuschätzen, um individuelle Führungsstrategien abzuleiten. In der Projektstartphase kümmert sich der Projektleiter um ideale Rahmenbedingungen, damit seine Experten ihre Potentiale in Arbeitsergebnisse umwandeln. In das Team gehören Vertreter aller Kernfunktionen, selbst wenn diese zeitlich verspätet ins Rennen gehen (z.B. Montage). Ein Gefühl der Teamzugehörigkeit bei allen Teammitgliedern herzustellen, ist eine Kernaufgabe des Projektmanagement. So wie auch für alle anderen Projektmanagementaufgaben gilt: Wenn sie der Projektleiter nicht macht, macht sie niemand.

11. Agiere als Vorbild!

Projektleiter tragen Verantwortung für Qualität, Termine und Kosten. Sie führen Teams, steuern Lieferanten und Kunden und verhandeln mit dem Management. In projektorientierten Unternehmen nehmen sie eine zentrale Rolle im Geschäftsprozess ein. Viele Blicke sind auf sie gerichtet. Vorbildliches Verhalten zeigt daher besonders starke Effekte, wie hohe Motivation im Team und kooperatives Verhalten relevanter Stakeholder.

12. Rede nicht zu viel über Projektmanagement, mache es!

Managementkonzepte, dazu gehört auch Projektmanagement, liefern Benennungen und Beschreibungen zu Methoden, Prozesse etc. In relevanten Kommunikationsmomenten im Projekt kann die Anwendung einer „Managementsprache“ auch schädlich sein, weil deren Inhalte wertlose Informationen mitliefern (Worthülsen, Bullshit-Bingo). Es geht um das Projekt und nicht ums Projektmanagement an sich. Als Grundsatz gilt: Operative Stakeholder (z.B. Team) verstehen die Sprache des Projekts, strategische Stakeholder (z.B. interner Auftraggeber) koppeln gerne mit Managementbegriffen.

Abschließender Tipp: Metakommunikation, um die Kickpoints noch besser zu nutzen

Ist das Projekt einmal gestartet, ist der Projektleiter mittendrin im Geschehen. Jetzt noch den Überblick zu behalten, sprich objektiv zu bleiben, ist äußerst schwierig. Begrenzte Wahrnehmungsfähigkeiten, Scheuklappen, blinde Flecken, Interessen, Glaubenssätze, Vorerfahrungen, Annahmen, Druck, Ängste, Zweifel usw. bestimmen die Perspektive des Projektleiters. Vieles von dem, was der Leser in diesem Buch für gut und richtig empfindet, wird im Projektalltag vergessen sein. Mit einer projektneutralen Person (Coach, Berater, Projektleiterkollege etc.) über die eigene Kommunikation im Projekt zu kommunizieren, hilft beim Erinnern an die eigenen Möglichkeiten für den nächsten Kickpoint.

5. Epilog

Den hier vorgestellten Entwurf eines frugalen Projektmanagements mit seinen Kickpoints versteht der Autor als Beitrag zur Weiterentwicklung des Projektmanagements. Wie der Praxisfall in diesem Buch zeigt, lassen sich die Kickpoints sehr gut als Standard in Unternehmen implementieren und sorgen somit für die strukturelle Verankerung kommunikativer Schlüsselmomente im Projektdurchlauf.

Und wie hat Max, unser Projektleiter, die Kickpoints erlebt? Das folgende Interview mit ihm fasst seine Erfahrungen zusammen.

Welchen Wert hatten die Kickpoints für Dich als Projektleiter?

Sie motivierten mich, intensiver in die Startphase hineinzugehen. Das erste Viertel im Projekt holst Du nicht mehr auf. Mir wurde klar, wie viel Aufwand die ersten drei Kickpoints bedeuten, wenn Du diese konsequent angehst. Dieses Investment hat sich vielfach ausgezahlt.

Woran hast Du das später gemerkt?

Natürlich gab es bald Änderungen, und ursprüngliche Annahmen wurden über den Haufen geworfen. Aber im Gegensatz zu meinen vorigen Projekten hatte ich ein Kernteam, das von Anfang an mit dem Startevent voll im Projekt war. Und durch die Ressourcenverhandlung hatte ich mit dem Management eine ausverhandelte Baseline mit geteiltem Bewusstsein über Risiken und Chancen im Projekt. Mit diesen Ausgangsbedingungen ist die natürliche Dynamik eines Projekts einfacher zu managen, weil die Bereitschaft zu konstruktiven Auseinandersetzungen aller Beteiligten sehr hoch war. In anderen Worten: Team und Management zog ich vom Start weg ins Projekt hinein.

An welche Schlüsselmomente erinnerst Du Dich im Projektstart?

Da gab es unzählige Situationen. Diese aufzuzählen sprengt hier den Rahmen. Es sind häufig diese Kommunikationsmomente, die einen gewaltigen Unterschied ausmachen. Zum Beispiel nahm ich mir für das Auftragsklärungsgespräch mit Gloria ganz fest vor, mit keiner Silbe berechtigte Vorwürfe in Richtung Projektkalkulation zu äußern. Mit welchem Ziel auch? In meiner akribischen Vorbereitung legte ich den Fokus auf die Sammlung von Fragen, die uns halfen, den Grad der Klarheit zu bestimmen, um in der Sache weiterzukommen. Und da fällt mir noch eine Situation mit Sebastian, dem kundenseitigen Projektleiter, ein.

Was ist passiert?

Einmal brannte ihm die Sicherung durch, und er machte uns grobe Vorwürfe, so in der Art „wir hätten unser Projekt nicht im Griff", „alles ein Sauhaufen!". Zugegeben, wir machten in dieser Phase ein paar Fehler, nur ich erkannte in jedem Kommunikationsmoment mit dem Kunden einen Mini-Kickpoint. Es war mein Ziel, so bewusst und zielorientiert wie nur möglich in alle Gespräche zu gehen, um diese im Sinne des Projekterfolgs zu nutzen. Bei seinem emotionalen Ausbruch verbot ich mir affektartig eine Gegenposition einzunehmen, stattdessen versuchte ich zunächst ihn und seine Hintergründe besser zu verstehen. Ich hörte ihm aktiv zu. Das Gespräch verlief in der Folge konstruktiver als angenommen.

Welche Kickpoints empfindest Du im Nachhinein als sehr anspruchsvoll?

Mich forderten der Startevent mit dem Kernteam und Feedbackgespräche mit Teammitglieder vor allem mit Vincent.

Beides Führungssituationen?

Ja, wobei beim Startevent musste ich eine Gruppe einen Tag moderieren und auch Entscheidungen treffen. Hier sehe ich bei mir noch viel Luft nach oben. Als Projektleiter bin ich es nicht gewohnt, Workshops wie ein Profi vorzubereiten und durchzuführen. Ein Startevent soll mehr sein als ein klassischer Kick-off. Das Team soll eingeladen werden, das Projekt Set-up interaktiv mitzugestalten, damit eine Identifikation mit dem Projekt so früh wie nur möglich gefördert wird.

Und warum die Feedbackgespräche?

Tatsächlich musste ich mich überwinden, Feedbackgespräche zu führen. Offen gesagt, fällt es mir nicht leicht, bei einem Teammitglied Kritik zu äußern, wenn es nicht unbedingt sein muss. Nur wann ist der richtige Zeitpunkt? Rückblickend war ich da früher in den meisten Fällen zu spät dran. Die vier W's sind in der Vorbereitung auf ein Feedbackgespräch eine große Hilfe. Die ersten Gespräche verliefen solide, wurden mit Fortlauf aber immer besser. Reine Übung. In Zukunft werde ich mir verstärkt Beobachtungen notieren, um noch konkretere Rückmeldungen geben zu können. Für mich sind positive und negative Feedbackgespräche ein wirksames Führungswerkzeug geworden.

Das klingt so, als ob Du beim nächsten Projekt wieder ein Kickpointer sein wirst?

Kickpoints im Projekt sind den meisten Projektleitern bekannt. Mir helfen Sie, die Bedeutung von Kommunikation auf dem Schirm der Aufmerksamkeit zu halten. Je erfahrener Projektleiter sind, desto öfter betonen sie wie wichtig Kommunikation ist. Mit den Kickpoints wird dieser Tatsache Rechnung getragen und eine Handlungsanleitung angeboten. Für mich fühlt es sich so an, als ob ich meine Projektmanagementenergie klüger investiere und dort meine Punkte mache, wo sich das Match entscheidet. Am Ende des Tages bleibt dann auch mehr Zeit für meine Tochter 😊.

Abschließend noch eine Frage: Wusstest Du, dass der Kickpoint bei einem Golf- oder auch Eishockey der Biegepunkt ist, der beim Schießen den stärksten Biegekräften ausgesetzt ist. Er ist für die Energieübertragung von der spielenden Person auf den Ball bzw. Puck verantwortlich.

Nein, das ist mir neu und klingt stimmig.

Danke fürs Gespräch und weiterhin alles Gute.

Schön, dass Sie diesem Buch Ihre Aufmerksamkeit schenkten. Welche Gedanken, Ideen und Erfahrungen lösen die Kickpoints bei Ihnen aus? Lassen Sie uns ins Gespräch kommen.

mathias.metzger@mm4pm.com